内 容 简 介

本书精心选取了世界各国海军现役或退役不久的数十种主战舰艇，包括巡洋舰、驱逐舰、护卫舰、潜艇和导弹艇等，着重介绍了每种舰艇的研发历史、舰体构造、主要武器、电子设备和重要事件等内容，并有准确的参数表格。

本书内容结构严谨，分析讲解透彻，图片精美丰富，适合广大军事爱好者阅读和收藏，也可以作为青少年的科普读物。

本书封面贴有清华大学出版社防伪标签，无标签者不得销售。
版权所有，侵权必究。举报：010-62782989，beiqinquan@tup.tsinghua.edu.cn。

图书在版编目(CIP)数据

主战舰艇鉴赏指南(珍藏版)/《深度军事》编委会编著. —2版. —北京：清华大学出版社，2018（2024.6重印）
(世界武器鉴赏系列)
ISBN 978-7-302-50956-1

Ⅰ. ①主… Ⅱ. ①深… Ⅲ. ①军用船—世界—指南 Ⅳ. ①E925.6-49

中国版本图书馆CIP数据核字(2018)第190412号

责任编辑：李玉萍
封面设计：郑国强
责任校对：张术强
责任印制：杨 艳
出版发行：清华大学出版社
    网　　址：https://www.tup.com.cn, https://www.wqxuetang.com
    地　　址：北京清华大学学研大厦A座　邮　编：100084
    社总机：010-83470000　　邮　购：010-62786544
    投稿与读者服务：010-62776969, c-service@tup.tsinghua.edu.cn
    质量反馈：010-62772015, zhiliang@tup.tsinghua.edu.cn
印 装 者：涿州汇美亿浓印刷有限公司
经　　销：全国新华书店
开　　本：146mm×210mm　印　张：10.875
版　　次：2014年6月第1版　2018年9月第2版　印　次：2024年6月第6次印刷
定　　价：49.80元

产品编号：076428-01

丛书序 FOREWORD

国无防不立，民无防不安。一个国家、一个民族，最重要的两件大事就是发展和安全。国防是人类社会发展与安全需要的产物，是关系到国家和民族生死存亡的根本大计。军事图书作为学习军事知识、了解世界各国军事实力的绝佳途径，对提高国民的国防观念、加强青少年的军事素养有着重要意义。

与其他军事强国相比，我国的军事图书在写作和制作水平上还存在许多不足。以全球权威军事刊物《简氏防务周刊》（英国）为例，其信息分析在西方媒体和政府中一直被视为权威，其数据库广泛被各国政府和情报机构购买。而由于种种原因，我国的军事图书在专业性、全面性和影响力等方面都还有明显不足。

为了给军事爱好者提供一套全面而专业的武器参考资料，并为广大青少年提供一套有趣、易懂的军事入门级读物，我们精心推出了"世界武器鉴赏系列"图书，内容涵盖现代飞机、现代战机、早期战机、现代舰船、单兵武器、特战装备、世界名枪、世界王枪、美国海军武器、二战尖端武器、坦克与装甲车等。

本系列图书由国内资深军事研究团队编写，力求内容的全面性、专业性和趣味性。我们在吸收国外同类图书优点的同时，还加入了一些独特的表现手法，努力做到化繁为简、图文并茂，以符合国内读者的阅读习惯。

本系列图书内容丰富、结构合理，在带领读者熟悉武器历史的同时，还可以提纲挈领地了解各种武器的作战性能。在武器的相关参数上，我们参考了武器制造商官方网站的公开数据以及国外的权威军事文档，做到有理有据。每本图书都有大量的精美图片，配合别出心裁的排版，具备较高的欣赏和收藏价值。

前言 PREFACE

海洋作为人类资源的重要组成部分，历来受到濒海国家的高度重视。而海军作为维护国家海洋权益、行使领海主权、保障公海自由的主要力量，在现代军队中占有重要地位。

一国海军的实力很大程度上取决于主战舰艇的数量和质量。海军的诞生和发展源远流长，主战舰艇也经历了数千年的演变历程。从原始简单的古代战船，发展到多系统的现代舰艇，其中蕴含了一代又一代人的心血结晶。时至今日，海军已具备在水面、水下、空中实施攻防作战的全面作战能力，一些国家的海军还具有实施战略袭击的能力，而这些能力都有赖于海军装备的各式主战舰艇。

目前，世界上拥有海军的国家和地区已有100多个，组织、编制各不相同，所装备的主战舰艇也五花八门。本书精心选取了世界各国海军现役或退役不久的数十种主战舰艇，包括巡洋舰、驱逐舰、护卫舰、潜艇和导弹艇等多个类别，着重介绍了每种舰艇的研发历史、舰体构造、主要武器、电子设备和重要事件等内容，并附有准确的参数表格。通过阅读本书，读者可以全面地了解各海军强国的实力对比。

本书紧扣军事专业知识，不仅带领读者熟悉舰艇的构造，而且可以了解舰艇的作战性能，特别适合作为广大军事爱好者的参考资料和青少年朋友的入门读物。全书共分为6章，涉及内容全面合理，并配有丰富而精美的图片。

　　本书是真正面向军事爱好者的基础图书。全书由资深军事研究团队编写，力求内容的全面性、趣味性和观赏性。全书内容丰富、结构合理，关于舰艇的相关参数还参考了制造商官方网站的公开数据以及国外的权威军事文档。

　　本书由《深度军事》编委会创作，参与本书编写的人员有阳晓瑜、陈利华、高丽秋、龚川、何海涛、贺强、胡姝婷、黄启华、黎安芝、黎琪、黎绍文、卢刚、罗于华、黄成等。对于广大资深军事爱好者以及有兴趣了解并掌握国防军事知识的青少年，本书不失为很有价值的科普读物。希望广大读者朋友们能够通过阅读本书，循序渐进地提高自己的军事素养。

　　本书赠送的图片及其他资源均以二维码形式提供，读者可以使用手机扫描下面的二维码下载并观看。

目录 CONTENTS

第1章　主战舰艇漫谈 1
　　海军和主战舰艇 2
　　主战舰艇的分类 5
　　主战舰艇的构造 7
　　主战舰艇的武器 8

第2章　巡洋舰 13
　　美国"提康德罗加"级巡洋舰 14
　　美国"弗吉尼亚"级巡洋舰 19
　　美国"加利福尼亚"级巡洋舰 24
　　俄罗斯"光荣"级巡洋舰 28
　　俄罗斯"基洛夫"级巡洋舰 33
　　俄罗斯"卡拉"级巡洋舰 38

第3章　驱逐舰 43
　　美国"阿利·伯克"级驱逐舰 44
　　美国"朱姆沃尔特"级驱逐舰 49
　　俄罗斯"现代"级驱逐舰 55
　　俄罗斯"无畏"级驱逐舰 59

英国"谢菲尔德"级驱逐舰 64
英国"勇敢"级驱逐舰 69
法国"乔治·莱格"级驱逐舰 74
法国"卡萨尔"级驱逐舰 79
法国/意大利"地平线"级驱逐舰 84
日本"金刚"级驱逐舰 89
日本"高波"级驱逐舰 93
日本"爱宕"级驱逐舰 98
日本"秋月"级驱逐舰 103
韩国"广开土大王"级驱逐舰 108
韩国"忠武公李舜臣"级驱逐舰 113
韩国"世宗大王"级驱逐舰 118
印度"加尔各答"级驱逐舰 122

第4章 护卫舰 127

美国"佩里"级护卫舰 128
俄罗斯"不惧"级护卫舰 133
俄罗斯"守护"级护卫舰 138
俄罗斯"戈尔什科夫"级护卫舰 143
英国"公爵"级护卫舰 148
法国"花月"级护卫舰 154
法国"拉斐特"级护卫舰 159
德国"勃兰登堡"级护卫舰 165
德国"萨克森"级护卫舰 170
欧洲多用途护卫舰 176
意大利"西北风"级护卫舰 182
西班牙"阿尔瓦罗·巴赞"级护卫舰 187
澳大利亚/新西兰"安扎克"级护卫舰 192
荷兰"卡雷尔·多尔曼"级护卫舰 197

印度"塔尔瓦"级护卫舰 202
印度"什瓦里克"级护卫舰 207

第 5 章　潜艇 211

美国"洛杉矶"级攻击型核潜艇 212
美国"海狼"级攻击型核潜艇 216
美国"弗吉尼亚"级攻击型核潜艇 220
美国"俄亥俄"级弹道导弹核潜艇 225
俄罗斯"亚森"级攻击型核潜艇 231
俄罗斯"德尔塔"级弹道导弹核潜艇 234
俄罗斯"台风"级弹道导弹核潜艇 239
俄罗斯"北风之神"级弹道导弹核潜艇 244
俄罗斯"基洛"级常规潜艇 248
俄罗斯"拉达"级常规潜艇 253
英国"特拉法尔加"级攻击型核潜艇 258
英国"机敏"级攻击型核潜艇 263
英国"前卫"级弹道导弹核潜艇 268
法国"红宝石"级攻击型核潜艇 273
法国"凯旋"级弹道导弹核潜艇 278
德国 214 级常规潜艇 283
日本"苍龙"级常规潜艇 287

第 6 章　导弹艇 293

美国"飞马座"级导弹艇 294
美国"阿尔·希蒂克"级导弹艇 300
俄罗斯"奥萨"级导弹艇 304
法国"斗士"级导弹艇 307
德国"信天翁"级导弹艇 310
德国"猎豹"级导弹艇 313

德国 TNC-45 级导弹艇 317
以色列"萨尔 4.5"级导弹艇 320
挪威"盾牌"级导弹艇 324
芬兰"哈米纳"级导弹艇 329
埃及"拉马丹"级导弹艇 333

参考文献 336

第1章 主战舰艇漫谈

主战舰艇是海军诸多武器装备中最重要、最基础的部分，也是海军装备最富象征性的运载平台。一旦战争爆发，强大的主战舰艇编队可以歼敌在水际线之外，捍卫国家的领海和领土完整，保卫国家主权和经济建设。

海军和主战舰艇

在现代化的三军中，海军的诞生时间仅次于陆军，具有悠久的发展历史。海军具有在水面、水下和空中作战的能力，其主要作战装备就是各类主战舰艇。海军的产生和发展都与主战舰艇的演变过程密不可分。

公元前 1200 多年以前，埃及、腓尼基和希腊等地就已经出现了战船，主要使用桨划行，有时辅以风帆。中国的造船技术在历史上也一度处于领先地位，在 7000 年前已能制造独木舟和船桨，春秋战国时期已建造用于水战的大型战船。

公元前 5 世纪，地中海国家已建立海上舰队，有双层和三层桨战船，首柱下端有船首冲角。古代史上著名的布匿战争中，罗马舰队用这种战船击溃海上强国迦太基，建立了在地中海的海上霸权。到了 15～16 世纪，西方帆船舰队的发展，帆装和驶帆等技术的日趋完善，对新航路的开辟及殖民地的掠夺和开发起了推动作用。

总体来说，古代生产力低下，科学技术不发达，海军技术发展缓慢，使用木质桨帆战船，一直延续几千年。船上战斗人员主要使用刀、矛、箭、戟、弩炮投掷器和早期的火器等进行交战。直到 18 世纪，蒸汽机的发明，冶金、机械和燃料工业的发展，使得造船的材料、动力装置、武器装备和建造工艺发生了根本变革，为近代海军技术奠定了物质基础。主战舰艇开始采用蒸汽机作为主动力装置。初期的蒸汽舰以明轮推进，同时甲板上设置有可旋转的平台和滑轨，使舰炮可以转动和移动。与同级的风帆战舰相比，其机动性能和舰炮威力都大为提高。

19 世纪 30 年代，人类发明了螺旋桨推进器。1849 年，法国建成第一艘螺旋桨推进的蒸汽战列舰"拿破仑"号。此后，法、英、俄等国海军都开始装备蒸汽舰。60 年代出现鱼雷后，随即出现装备鱼雷的小型舰艇。70 年代，许多国家的海军基本完成了从帆船舰队向蒸汽舰队的过渡，海军的组织体制、指挥体制进一步完善，军舰日益向增大排水量、提高机动性能、增强舰炮攻击力和加强装甲防护的方向发展，装甲舰尤其是由战列舰和战列巡洋舰组成的主力舰，成为舰队的骨干力量。

油画里的"拿破仑"号战列舰

20世纪初，柴油机－电动机双推进系统潜艇研制成功，使潜艇具备一定的实战能力，海军又增加了一个新的兵种——潜艇部队。英国海军装备"无畏"级战列舰和战列巡洋舰以后，海军发展进入"巨舰大炮主义"时代。英、美、法、日、意、德等海军强国之间，展开以发展主力舰为中心的海军军备竞赛。

1914年第一次世界大战（以下简称一战）爆发时，各主要参战国海军共拥有主力舰150余艘，装备鱼雷的小型舰艇成为具有可以击毁大型战舰的轻型海军兵力。20世纪二三十年代，海军有了第一批航空母舰和舰载航空兵，岸基航空兵也得到发展，海军航空兵成为争夺海洋制空权的主要兵种。至此，海军已发展成为由多兵种组成的，能在广阔海洋战场上进行立体作战和合同作战的军种。

第二次世界大战（以下简称二战）时期，由于造船焊接工艺的广泛应用、分段建造技术和机械、设备的标准化，保证了战时能快速、批量地建造舰艇。在战争中，战列舰和战列巡洋舰逐渐失去主力舰的地位，而航空母舰和潜艇发展迅速。航空母舰编队或航空母舰编队群的机动作战、潜艇战和反潜艇战成为海战的重要形式，改变了传统的海战方式。与此同时，随着磁控管等电子器件、微波技术、模拟计算机等关键技术的突破，出现了舰艇雷达、机电式指挥仪等新装备，形成了舰炮系统，使水面舰艇攻防能力大为提高。

二战后，人类进入了核时代，核导弹、核鱼雷、核水雷、核深水炸弹相继出现，潜艇、航空母舰向核动力化发展。20世纪五六十年代，喷气式超音速海军飞机搭载航空母舰之后，垂直/短距起落飞机、直升机等又相继上舰，使大中型舰艇普遍具有海空立体作战能力。潜射弹道导弹、中远程巡航导弹、反舰导弹、反潜导弹、舰空导弹、自导鱼雷、制导炮弹等一系列精确制导武器装备海军，进一步增强了现代海军的攻防作战、有限威慑和反威慑的能力。20世纪70年代以后，军用卫星、数据链通信、相控阵雷达、水声监视系统、电子信息技术和电子计算机的广泛应用，使现代海军武器逐步实现自动化、系统化，并向智能化方向发展，使海军技术发展成为高度综合的技术体系。

20世纪90年代，世界上拥有海军的国家和地区已达100多个，组织编制各不相同。此后随着国际贸易和航运的日益扩大，海洋开发的扩展，国际海洋斗争日趋激烈。濒海国家都非常重视海军的建设和发展，不断运用科学技术的新成果，发展新式主战舰艇，提高统一指挥水平和快速反应、超视距作战能力。

美国"提康德罗加"级巡洋舰

第1章 主战舰艇漫谈

英国"勇敢"级驱逐舰

主战舰艇的分类

在现代海军中,主战舰艇包括巡洋舰、驱逐舰、护卫舰、潜艇、导弹艇等。其中,巡洋舰已渐渐走向衰落,目前仅有极少数国家仍在使用。至于战列舰、战列巡洋舰等显赫一时的主战舰艇,则早已退出了历史舞台。

巡洋舰(Cruiser)是一种火力强、用途多,主要在远洋活动的大型水面战舰。巡洋舰装备有较强的进攻和防御型武器,具有较高的航速和适航性,能在恶劣气候条件下长时间进行远洋作战。

驱逐舰(Destroyer)是现代海军舰队中作战能力较强的舰种之一,通常用于攻击水面舰船、潜艇和岸上等目标,并能执行舰队防空、侦察、巡逻、警戒、护航和布雷等任务,是现代海军舰艇中用途最广泛、建造数量最多的主战舰艇之一。

护卫舰(Frigate)曾被称为护航舰或护航驱逐舰,武器装备以中小口径舰炮、导弹、鱼雷、水雷和深水炸弹为主。在现代海军编队中,护卫舰在吨位和火力上仅次于驱逐舰,但由于其吨位较小,自持力比驱逐舰为弱,远洋作战能力也弱是于驱逐舰。

潜艇（Submarine）也叫潜水艇，是一种能在水下运行的舰艇。现代潜艇按照动力可分为常规动力潜艇与核潜艇；按照作战使命可分为攻击潜艇与战略导弹潜艇；按照排水量，常规动力潜艇可分为大型潜艇（2000吨以上）、中型潜艇（600～2000吨）、小型潜艇（100～600吨）和袖珍潜艇（100吨以下）四类，而核潜艇的排水量通常在3000吨以上。

导弹艇（Missile boat）是一种以导弹为武器的小型战斗舰艇，具有造价低、威力大的特点。有的大型导弹艇还装备有鱼雷、水雷、深水炸弹，以及搜索探测、武器控制、通信导航、电子对抗和指挥控制自动化系统。

美国"朱姆沃尔特"级驱逐舰

德国"萨克森"级护卫舰

美国"飞马座"级导弹艇

主战舰艇的构造

虽然现代海军装备的各类主战舰艇在大小、外形和功能上各有不同，但在基本构造上却大致相似。一般来说，水面舰艇的船体包括主船体和上层建筑两部分。其中，上层建筑的结构比较单薄，大多采用钢材或铝材，也有采用木材或玻璃钢的，通常只承受局部外力。

主船体是由外板和上层连续甲板包围起来的水密空心结构，形式有纵骨架式、横骨架式、混合骨架式。主船体材料大多采用钢材，有些导弹艇采用钛合金、铝合金、玻璃钢或木材。船体内由许多水密或非水密横舱壁、纵舱壁和甲板分隔成若干舱室，并承受各种外力，以保证船体的强度、稳性、浮性、不沉性和满足各舱室的需要。

潜艇的船体结构一般由耐压艇体和非耐压艇体构成，采用高强度钢材，由许多耐压或非耐压舱壁、甲板等分隔成若干舱室，其功用与水面舰艇相似。

在船体线型方面，水面舰艇大多采用排水型，部分快艇采用滑行艇、水翼艇或气垫船等船型。潜艇一般采用水滴形或雪茄形。

俄罗斯"现代"级驱逐舰 3D 模型图

美国"海狼"级核潜艇 3D 模型图

主战舰艇的武器

导弹

　　导弹是依靠自身动力装置推进,由制导系统导引、控制其飞行弹道,利用战斗部摧毁目标的武器。导弹属于精确制导武器,具有射程远、速度快、精度高、威力大等特点。二战以后,随着导弹技术的不断发展,海军舰艇的主要作战兵器——舰炮逐渐被导弹取代,现代战舰搭载的导弹可执行对空、海、地全方位攻击任务。舰载导弹种类繁多,依据攻击目标和任务的不同,可分为舰载巡航导弹、反舰导弹、反潜导弹、舰对空导弹等。舰载导弹的发展水平已成为衡量一个国家海军作战能力的重要标志。

舰载导弹的主要发射装置是垂直发射系统,这种系统具有发射率高、储弹量大、全方位发射、通用性好、生存力强等诸多优点,顺应了现代战争对武器装备在多目标交战、瞬时快速反应、全方位发射、抗饱和攻击等综合能力的基本要求。目前,较为成熟的垂直发射系统有美国的Mk 41垂直发射系统、俄罗斯的"利夫"和"克里诺克"垂直发射系统、法国的"席尔瓦"垂直发射系统、英国的"海狼"垂直发射系统等。

美国"阿利·伯克"级驱逐舰上搭载的"鱼叉"反舰导弹发射装置

近程防御武器系统

近程防御武器系统(Close-In Weapon System,CIWS)是一种装设、配属在海军船舰上,用来侦测与摧毁逼近的反舰导弹或有威胁的飞行物,只作为战舰近身防卫用途的武器系统,简称近防系统。

一套近防系统通常由雷达、电脑、多管快速开火的中型口径机炮组成,且炮座基台可在一定角度范围内旋转。近防系统是战舰的最后一道防线,能有效打击从其他防空系统漏掉的反舰导弹。近防系统的目标并不是击落所有导弹，而是攻击导弹的弹头，避免导弹对船舰造成严重损害。如果不能攻击弹头，系统则会射击导弹前后，在导弹上打洞，以试图使导弹偏离航道或是过早引爆。

目前，世界上较为成熟的近防系统有美国的"密集阵"系统、俄罗斯的"卡什坦"系统、荷兰的"守门员"系统、意大利的"标枪"系统、西班牙的"梅洛卡"系统、以色列的"台风"系统、土耳其的"海天顶"系统等。

荷兰"守门员"近程防御武器系统开火

鱼雷

鱼雷是一种水中兵器，具有航行速度快、航程远、隐蔽性好、命中率高和破坏性大等特点，主要用于攻击敌方水面舰船和潜艇，也可以用于封锁港口和狭窄水道。鱼雷发射后可自己控制航行方向和深度，遇到舰船，只要一接触就可以爆炸。根据不同的需要，鱼雷分为大、中、小三种类型。直径为533毫米以上的为大型鱼雷；直径在400～450毫米的为中型鱼雷；直径为324毫米以下的为小型鱼雷。

早在一战开始时,鱼雷就被公认为是仅次于火炮的舰艇主要武器。二战之后,由于反舰导弹的出现,鱼雷的地位有所下降,但它仍是海军的重要武器,特别是在攻击型潜艇上,鱼雷是最主要的攻击武器。目前,世界各国都非常重视鱼雷的研究、改进和制造,目的是使鱼雷更轻便,进一步提高命中率、爆炸力和捕捉目标的能力。

美国"阿利·伯克"级驱逐舰发射鱼雷

舰炮

舰炮是最古老的舰载武器,自14世纪装备海军风帆战船一类舰艇以来,经过了滑膛炮发展时代(14~19世纪)、线膛炮时代(19世纪至今)。在20世纪水鱼雷、舰载机和导弹武器出现之前,舰炮曾是海军舰艇主要的攻击武器。时至今日,虽然舰炮已经降为辅助性地位,但仍是现代水面舰艇上必不可少的武器。

现代舰艇的中小口径舰炮,反应速度快、发射率高,与导弹武器配合,可执行对空防御、对水面舰艇作战、拦截掠海导弹和对岸火力支援等多种任务。随着电子技术、计算机技术、激光技术、新材料的广泛应用,形成了由搜索雷达、跟踪雷达、光电跟踪仪、指挥仪等火控系统和舰炮组成的舰炮武器系统。制导炮弹的发明,脱壳穿甲弹、预制破片弹、近炸引信等的出现,又使舰炮武器系统兼有精确制导、覆盖面大和持续发射等优点,成为舰艇末端防御的主要手段之一。

英国 Mk 8 型 114 毫米舰炮

机枪

机枪结构简单、安装简便，一直是大中型战舰上不可或缺的辅助武器，更是各种小型舰艇上的主要直射火器。二战时期，美国海军的小艇就广泛安装了双联装 12.7 毫米大口径机枪。时至今日，利用支柱简易安装的单装/双联装 M2HB 重机枪，仍然是美国及其他西方国家的舰载辅助武器，用于对近距离、低价值目标进行射击。

美国海军舰艇上的 M2HB 重机枪

第 2 章
巡洋舰

　　巡洋舰是一种火力强、用途多，主要在远洋活动的大型水面舰艇。巡洋舰配备有较强的进攻和防御型武器，具有较高的航速和适航性，能在恶劣的气候条件下长时间进行远洋作战。随着时代的发展，巡洋舰渐渐走向衰落，二战后各国已基本不再建造巡洋舰。目前，世界上仅有极少数国家的海军装备巡洋舰。

美国"提康德罗加"级巡洋舰

"提康德罗加"级巡洋舰（Ticonderoga Class Cruiser）是美国海军现役唯一一级巡洋舰，配备了"宙斯盾"作战系统。在美国海军的作战编制上，该级舰是作为航空母舰战斗群与两栖攻击战斗群的主要战情指挥中心，以及为航空母舰或两栖攻击舰提供保护。

研发历史

20世纪60年代中期，美国海军开始进行"先进水面导弹系统"（ASAM）计划，旨在研发一种先进的舰载战斗系统装备在航空母舰的护卫舰只上，其成果就是"宙斯盾"作战系统。美国海军最初计划将"弗吉尼亚"级巡洋舰进行改良，作为"宙斯盾"系统的安装平台，但是由于其造价太昂贵而作罢。紧接着，美国海军又陆续规划了DG/Aegis、DG（N）、CSGN、CGN 42等多种"宙斯盾"平台方案。

1977年，当时计划搭载"宙斯盾"系统的核动力打击巡洋舰（CSGN）由于吨位与成本飞涨，风险过高，因此美国海军提出一个高低搭配方案，打算利用极成功的"斯普鲁恩斯"级驱逐舰舰体剩下的1000吨的重量修改成一种低端的传统动力"宙斯盾"舰艇，此计划称为DDG-47。次年9月，

基本参数	
满载排水量	9800吨
全长	173米
全宽	16.8米
吃水	10.2米
最高航速	32.5节
最大航程	6000海里
舰员人数	400人

美国海军与英格尔斯造船厂签署了 DDG-47 首舰的细部设计与建造合约。此时,其他几种"宙斯盾"平台方案都已被取消。

美国海军最初打算订购 16 艘 DDG-47,之后又三次追加了订购数量,最终达到 27 艘。1980 年 1 月 1 日,由于美国海军巡洋舰的陆续退役,美国宣布将 DDG-47 改列为导弹巡洋舰(CG)。1983 年 1 月,首舰"提康德罗加"号开始服役,而最后一艘"皇家港"号则在 1994 年 7 月开始服役。截至 2017 年 5 月,"提康德罗加"级巡洋舰仍有 22 艘在役。

舰体构造

"提康德罗加"级巡洋舰的大型箱形上层建筑位于舰体中部靠前,舰桥位于前端,小型框架式桅杆位于舰桥顶部,安装有SPQ-9A火控雷达整流罩。该级舰为双烟囱配置,每个烟囱装有3个排气口。前烟囱的2个大直径排气口在前,较小的在后。后烟囱的3个排气口尺寸均较小,位于较后位置。烟囱之间的大型框架式主桅杆装有雷达天线。

主要武器

前五艘"提康德罗加"级巡洋舰(CG-47~CG51)都在舰首与舰尾各配备1座Mk 26 Mod 5双臂导弹发射器,每座可装填44枚导弹,除了主要的"标准"Ⅱ防空导弹之外,也能填入"阿斯洛克"反潜导弹。此外,舰尾左侧设有2座四联装"鱼叉"反舰导弹发射器,舰尾楼两侧内部各有1座三联装Mk 32鱼雷发射器。舰炮方面,舰首和舰尾各装有1门127毫米Mk 45舰炮。

自"邦克山"号(CG-52)以后的"提康德罗加"级巡洋舰都将Mk 26双臂发射器换成Mk 41垂直发射系统(16座八联装发射器,舰身前、后部各装8座),使得面对饱和空中攻击的能力大增,更能发挥"宙斯盾"系统一次处理大量目标的实力。另外,从"文森尼斯"号(CG-49)开始,舰载直升机由前两艘使用的SH-2F直升机换成了SH-60B直升机。

"提康德罗加"级巡洋舰的 127 毫米 Mk 45 舰炮开火

电子设备

由于当时科技条件的限制,"提康德罗加"级巡洋舰配备的 SPY-1A 相控阵雷达后端无法处理雷达带来的庞大信息量,所以系统只在 85 千米以内的半圆形范围内实施密集搜索,平时对于 300 千米以外的目标只偶尔分配一些波束(每分钟只扫描数次),无法满足持续性的长程对空监视要求。因此,"提康德罗加"级巡洋舰又加装 1 具传统的 AN/SPS-49 长程对空搜索雷达,对 450 千米的远程空域实施持续性的搜索;一旦发现可疑目标,再以 SPY-1A 雷达对该区域实施密集追踪。SPY-1A 雷达的功率消耗远大于传统雷达,如果不停地持续开机使用,将会使"提康德罗加"级巡洋舰的续航行程减少 2000 海里。

"提康德罗加"级巡洋舰的"宙斯盾"系统控制中心

重要事件

1991年,美国海军"提康德罗加"级巡洋舰首次对伊拉克实施"战斧"巡航导弹攻击,顺利为航空母舰上的舰载机与驻扎在科威特及沙特阿拉伯的轰炸机清除伊军的地面防空武力。

"提康德罗加"级巡洋舰发射导弹

十秒速识

"提康德罗加"级巡洋舰拥有高大上翘的舰首,前甲板边缘拥有独特的上升围边。

美国"弗吉尼亚"级巡洋舰

"弗吉尼亚"级巡洋舰（Virginia Class Cruiser）是美国海军在20世纪70年代建造的核动力巡洋舰，在70年代至90年代间服役。该级舰是美国海军第四级、也是迄今美国海军最后一级核动力导弹巡洋舰。在"弗吉尼亚"级巡洋舰建成之前，美国海军只有航空母舰和潜艇采用核动力驱动。

研发历史

20世纪70年代，由于"尼米兹"级核动力航空母舰制造成功和开始服役，美国海军仅有的3艘核动力巡洋舰已无法满足需要。因此，美国海军提出了发展"加利福尼亚"级和"弗吉尼亚"级核动力巡洋舰的计划。其中，"弗吉尼亚"级巡洋舰共建造了4艘，分别为"弗吉尼亚"号（CGN-38）、"得克萨斯"号（CGN-39）、"密西西比"号（CGN-40）和"阿肯色"号（CGN-41）。首舰"弗吉尼亚"号于1972年动工，1974年下水，1976年9月开始服役。"弗吉尼亚"级巡洋舰原本计划建造11艘，后来的7艘准备安装当时最新式的"宙斯盾"系统。但是由于其造价昂贵，且"提康德罗加"级巡洋舰已开始服役，多建造7艘巡洋舰的计划没有实现。

"弗吉尼亚"级巡洋舰的主要任务是与核动力航空母舰一起组成强大的特混编队，在危机发生时迅速开赴指定海域，为航空母舰编队提供远程防空、反潜和反舰保护，同时也为两栖作战提供支援。该级舰具有独立或

基本参数	
满载排水量	11666吨
全长	179米
全宽	19米
吃水	9.8米
最高航速	30节
最大航程	无限
舰员人数	579人

协同其他舰艇对付空中、水下和水面威胁的作战能力,可在全球范围内执行各种作战任务。自服役以来,"弗吉尼亚"级巡洋舰经过了多次局部性改装。1998年,该级舰全部退出现役。

"弗吉尼亚"级巡洋舰进行防冲击测试

舰体构造

"弗吉尼亚"级巡洋舰的上层建筑分为首、尾两部分,中间由一甲板室相连。首部为桥楼甲板,上方是锥形桅杆,内有电子设备。舰桥设在舰长室之前,靠近作战情报指挥中心,便于舰长由其住舱直达舰桥。舰尾部末端为直升机飞行甲板,甲板下方舰体内建有机库。机库采用套筒式机库盖,是美国海军在二战后第一级采用舰体机库的巡洋舰。

"弗吉尼亚"级巡洋舰的动力装置为双桨双舵核动力齿轮传动蒸汽轮机推进系统,安装有2座通用电气公司的D2G型压水冷却反应堆,总功率为45000千瓦,使用周期长达10年。该反应堆通过热交换器向减速齿轮箱提供蒸汽,使舰艇的最大航速达到30节。

主要武器

"弗吉尼亚"级巡洋舰的中程反舰武器是2座四联装"鱼叉"反舰导弹发射装置。此外,在舰首尾各有1门Mk 45单管127毫米舰炮。20世纪80年代后期,"弗吉尼亚"级巡洋舰在其尾部的飞行甲板外加装了2座Mk 44四联箱式"战斧"巡航导弹发射装置,可发射对地攻击和反舰"战斧"导弹。

第 2 章 巡洋舰

"弗吉尼亚"级巡洋舰的首尾各有 1 座双联装 Mk 26 导弹发射装置，主要发射"标准"Ⅱ防空导弹和"阿斯洛克"反潜导弹。一般情况下配装"标准"Ⅱ导弹 44 枚，"阿斯洛克"导弹 24 枚。该级舰还配装有 2 座三联装 Mk 32 反潜鱼雷发射管，只用于自卫。另外，舰上还安装有 2 座"密集阵"近程防御武器系统，用于超低空拦截突破了外层防线的来袭导弹。舰载机方面，"弗吉尼亚"级巡洋舰可搭载 1 架 SH-2F"海妖"直升机。

"弗吉尼亚"级巡洋舰发射"战斧"导弹

"弗吉尼亚"级巡洋舰搭载的 SH-2F"海妖"直升机

电子设备

"弗吉尼亚"级巡洋舰配装有 SPS-48A 三坐标对空警戒雷达、SPS-40B 两坐标对空雷达、SPS-55 对海搜索雷达、SPS-51、SPS-60 和 SPQ-9A 火控雷达、SQS-53 舰壳声呐等。舰用火控系统包括 1 套 Mk 74 导弹火控系统、1 套 Mk 86 火炮火控系统和 1 套 Mk 116 反潜导弹火控系统。其电子战设备采用了 AN/SLQ-32 电子战系统,该系统虽然没有直接综合进舰上指控系统,但其控制台集中设置在作战情报中心内,可快速便捷地插入海军战术数据系统中。

重要事件

"弗吉尼亚"级巡洋舰曾于美国海军大西洋舰队和太平洋舰队服役。自服役以来,该级舰曾在 1982—1983 年前往黎巴嫩和锡德拉湾,并在两伊战争期间进入阿拉伯海。"沙漠风暴"行动时,"弗吉尼亚"级各舰均有参与。其中,"弗吉尼亚"号从地中海发射 2 枚"战斧"巡航导弹击中在伊拉克的目标,这是巡航导弹在实战中最长的攻击距离。

第 2 章　巡洋舰

十秒速识

　　"弗吉尼亚"级巡洋舰为高干舷、平甲板舰型，全舰呈细长形状，舰首部也较长，舰尾部则为凸式方尾。

美国"加利福尼亚"级巡洋舰

"加利福尼亚"级巡洋舰（California Class Cruiser）是美国海军为"尼米兹"级航空母舰编队而设计的一级大型护卫战舰，属于美国海军第三代核动力导弹巡洋舰。

研发历史

与"弗吉尼亚"级巡洋舰一样，"加利福尼亚"级巡洋舰也是为了填补"尼米兹"级航空母舰服役后的巡洋舰空缺而建造的核动力巡洋舰。"加利福尼亚"级巡洋舰共建造了2艘，首舰"加利福尼亚"号（CGN-36）于1970年1月开工，1971年9月下水，1974年2月正式服役。二号舰"南卡罗来纳"号（CGN-37）于1970年12月开工，1972年7月下水，1975年1月服役。20世纪90年代初，"加利福尼亚"级巡洋舰进行了改装。

基本参数	
满载排水量	10800 吨
全长	179 米
全宽	19 米
吃水	9.6 米
最高航速	30 节
最大航程	无限
舰员人数	584 人

第 2 章　巡洋舰

舰体构造

"加利福尼亚"级巡洋舰采用通长甲板，末端微翘，凹式方尾，高干舷。上层建筑分首尾两部分，彼此很近，中间由一甲板室连接，首部上层建筑中设有甲板室、指挥室和主要控制、操纵舱室。首尾上层建筑顶板上均有一锥形低桅，安装有雷达、电子对抗设备和通信设备天线。首上层建筑为长方形，横向伸延，直至舷墙。舰尾上层建筑也是长方形，上面建有多层甲板室。舰上设有直升机起降平台，但没有机库。

主要武器

"加利福尼亚"级巡洋舰的舰上武备众多,共有 2 座四联装"鱼叉"反舰导弹发射装置、2 座"标准"Ⅱ型防空导弹发射装置、1 座八联装 Mk 16"阿斯洛克"反潜导弹发射装置、2 座三联装 Mk 32 反潜鱼雷发射管、2 座 20 毫米 Mk 15"密集阵"近程防御武器系统。此外,还安装有 8 座六管 Mk 36 红外和箔条干扰弹发射装置和 1 座 SLQ-25 鱼雷诱饵装置。

CH-46"海骑士"直升机在"加利福尼亚"级巡洋舰上空飞行

电子设备

"加利福尼亚"级巡洋舰安装有多部对空、对海搜索雷达,包括 SPS-48(E) 三坐标对空搜索雷达(E/F 波段,探测距离 402 千米)、SPS-49(V) 对空搜索雷达和 SPS-67(V)1 对海搜索雷达。火控雷达为 4 部 SPG-51D 雷达(G/I 波段,用于"标准"Ⅱ防空导弹)。其他电子设备还有 LN-66 导航雷达、URN-25"塔康"系统、ACDS-1 指挥控制系统、SRR-1 卫星通信系统、SLQ-32(V) 雷达报警与干扰系统、SQS-26CX 声呐等。

重要事件

"加利福尼亚"级巡洋舰是美国海军众多核动力巡洋舰中服役时间最长的一级,直到 1999 年才退出现役,转为 B 类预备舰。

十秒速识

"加利福尼亚"级巡洋舰的前甲板由前至后依次为伞状卫星通信天线、"标准"导弹发射架、127 毫米单管舰炮、"阿斯洛克"导弹发射装置,后甲板由后至前为"标准"导弹发射架和基座较高的 127 毫米单管舰炮,两门 127 毫米舰炮前低后高。该级舰后方没有机库,因此比较容易识别。

俄罗斯"光荣"级巡洋舰

"光荣"级巡洋舰(Slava Class Cruiser)是苏联建造的大型传统动力巡洋舰,一共建成了3艘,目前仍在俄罗斯海军服役。

研发历史

20世纪60年代后期,美苏冷战对抗激烈,面对美国越发强大的水面舰艇兵力,苏联不得不改变过去片面强调发展潜艇、轻视发展大型水面舰艇的做法,开始建造航空母舰等大型水面舰艇。其中,"基洛夫"级巡洋舰于20世纪70年代初开

基本参数	
满载排水量	12500 吨
全长	186.4 米
全宽	20.8 米
吃水	8.4 米
最高航速	32 节
最大航程	3000 海里
舰员人数	529 人

始建造,其建造目的主要是为当时苏联新建航空母舰护航,打击美国的航空母舰,并担任编队的防空和反潜任务。但由于"基洛夫"级巡洋舰采用核动力,满载排水量高达28000吨,因而建造和维护耗资巨大,难以批量建造和使用。

为了配合苏联远洋航空母舰,弥补"基洛夫"级巡洋舰的缺陷,苏联开始建造一型经济和缩小版的"基洛夫"级巡洋舰,即"光荣"级巡洋舰。第一艘"光荣"号于1976年动工,1979年下水,1982年完工。第二艘及第三艘"乌斯提诺夫元帅"号、"红色乌克兰"号分别在1986年与1990年完工。第四艘"共青团员"号预定1993年完工,但最终未能建成。

第 2 章　巡洋舰

舰体构造

"光荣"级巡洋舰的舰体基本是从"卡拉"级巡洋舰衍变而来。为容纳远程反舰导弹、防空导弹等，其舰体比"卡拉"级巡洋舰长约13米，全宽和吃水也略有增加。首尾部比"卡拉"级巡洋舰显得外倾。"光荣"级巡洋舰的前部上层建筑高5层，其后端与封闭的锥形主桅连成一体。由水面至主桅顶高达30多米。舰中略靠后的烟囱呈长方形，两侧有许多散热孔，前面是大进气口。两座烟囱间有空隙，用来放置旋转吊的吊杆。露天甲板的轨道，用来运送弹药、物品等。在烟囱后的旋转吊和后部上层建筑之间有一段开阔处，甲处下设有垂直发射系统。

主要武器

"光荣"级巡洋舰被称为缩小型的"基洛夫"级巡洋舰，舰载武器在

29

一定程度上相似。其中，8座双联装P-500"玄武岩"反舰导弹发射装置是"光荣"级巡洋舰最重要的对舰武器，主要用于打击敌方航空母舰和其他大型作战舰只。该导弹具有射程远、飞行速度快、抗干扰强、战斗部威力大、命中率高、毁伤能力强等特点，在无中继制导时射程为50千米，在有中继制导时为550千米，飞行速度为1.7～2.5马赫。

除此之外，"光荣"级巡洋舰还装有8座八联装S-300PMU防空导弹发射装置、1座双联装AK-130舰炮、2座五联装533毫米鱼雷发射管、6座"卡什坦"近程防御武器系统、2座六联装RBU-6000火箭深弹发射装置、2座OSA-M短程防空导弹发射装置、2座双联装PK-2干扰箔条发射器、8座十联装PK-10干扰箔条发射器等武器。

"光荣"级巡洋舰安装的"卡什坦"近程防御武器系统

"光荣"级巡洋舰安装的P-500"玄武岩"反舰导弹发射装置

电子设备

"光荣"级巡洋舰上层建筑顶部平台后方有1座巨大的锥形桅杆，其上装有2部重要的设备：顶端装设的是1部"顶舵"或"顶板"搜索雷达，中间部位装设的是1部"前门"火控雷达，前者主要用于对空对海搜索和跟踪引导舰载直升机，后者用于对P-500"玄武岩"反舰导弹进行跟踪和提供指令制导。该桅杆顶端还装有敌我识别器，塔桅底部还装设有卫星通信天线。除此之外，"光荣"级巡洋舰还拥有"椴木槌"火控雷达（3部）、"鸢鸣"火控雷达（1部）、"顶对"对空搜索三坐标雷达等电子设备。

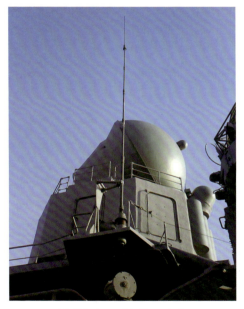

"光荣"级巡洋舰的雷达特写

重要事件

2009年4月23日，中国举行中国人民解放军海军成立60周年海上阅兵活动，俄罗斯海军派出太平洋舰队旗舰——"光荣"级巡洋舰三号舰"瓦良格"号巡洋舰参演。

十秒速识

"光荣"级巡洋舰在外观上最大的特点就是船舷两侧硕大的并列布置P-1000"火山岩"长程反舰导弹发射装置,发射装置每组2具,每舷侧4组,共搭载16枚导弹。

俄罗斯"基洛夫"级巡洋舰

"基洛夫"级巡洋舰（Kirov Class Cruiser）是苏联于20世纪70年代开工建造的大型核动力巡洋舰，一共建造了4艘，1980年开始服役，目前仍装备于俄罗斯海军。

研发历史

"基洛夫"级巡洋舰是苏联海军与美国海军进行军备竞赛的产物，是苏联海军为实现从近海走向远洋、从防御走向进攻、与美国海军争霸海洋的海军战略而制定的海军发展规划的组成部分之一。首舰

基本参数	
满载排水量	28000 吨
全长	252 米
全宽	28.5 米
吃水	9.1 米
最高航速	32 节
最大航程	1000 海里
舰员人数	710 人

"乌沙科夫上将"号于1973年开始建造，1980年12月末服役。二号舰"立扎耶夫上将"号于1984年服役，三号舰"纳希莫夫上将"号于1988年服役，四号舰"彼得大帝"号于1996年服役。截至2017年5月，"彼得大帝"号仍在俄罗斯海军服役，"纳希莫夫上将"号则在接受现代化改造，其余2艘已经退役。

舰体构造

"基洛夫"级巡洋舰的外形设计比较紧凑,上层建筑主要布置在中后部。与凌乱的苏联其他舰船相比,"基洛夫"级巡洋舰的前后甲板相当光滑。机库设在舰尾甲板下,备有1座升降机。该级舰配备蒸汽轮机混合式动力系统(CONAS),安装了2座核反应堆和4台蒸汽轮机,即使用平行运作的核动力装置以及蒸汽动力装置来驱动两副四叶螺旋桨,蒸汽轮机可以在核反应堆无法工作的时候独立出来工作,以保证"基洛夫"级巡洋舰不会因为失去动力而丧失机动性。

主要武器

"基洛夫"级巡洋舰因为没有装备相控阵雷达,其防空能力稍逊于美国"提康德罗加"级巡洋舰,而且不具备对陆攻击能力。但从俄罗斯巡洋舰的作战使命考虑,"基洛夫"级巡洋舰的综合作战能力并不逊色。该级舰的武器包括20座P-700"花岗岩"反舰导弹发射装置、12座八联装S-300F"堡垒"防空导弹发射装置、2座五联装533毫米鱼雷发射管、1座双联装RPK-3"风雪"反潜导弹发射装置、6座"卡什坦"近程防御武器系统、1座双联装AK-130舰炮、1座十联装RBU-12000火箭深弹发射装置等。此外,还能搭载3架Ka-27或Ka-25舰载直升机。

电子设备

"基洛夫"级巡洋舰装有1部"顶板"三坐标雷达和1部"顶对"三坐标雷达,用于对空搜索,分别工作于D/F波段和C/D波段。后者对大型飞机的探测距离为366千米,对2平方米的目标探测距离为183千米。对海搜索方面,配备了1部"顶舵"或"顶板"三坐标雷达,工作于D/E波段。导航方面,配备了3部"棕榈叶"雷达,工作于I波段。该级舰配备的火控雷达较多,包括"眼球"火控雷达2部、"十字剑"火控雷达1部、"顶罩"火控雷达2部等。除此之外,"基洛夫"级巡洋舰还装有"盐罐"敌我识别器、"马颚"主动搜索攻击声呐、"马尾"变深声呐等电子设备。

港口中的"基洛夫"级巡洋舰

重要事件

"纳希莫夫上将"号于2012年签署改装计划,2013年6月起在北德文斯克进行改装,计划于2018年完成。

第 2 章 巡洋舰

十秒速识

在"基洛夫"级巡洋舰之前,苏联海军战舰几乎没有考虑过隐身性能。而"基洛夫"级巡洋舰虽然也有为数众多的天线,但是电子天线基本上被集成到了中间的主桅杆上,整体外形为内倾斜构造。

俄罗斯"卡拉"级巡洋舰

"卡拉"级巡洋舰（Kara Class Cruiser）是苏联建造的大型反潜巡洋舰，一共建造了7艘，苏联解体后在俄罗斯海军持续服役至2014年。

研发历史

20世纪60年代末，美国海军有40艘攻击型核潜艇和41艘弹道导弹核潜艇在役，而当时苏联在役的攻击型核潜艇多是为打击水面目标而设计的，即巡航导弹核潜艇，水面反潜力量除性能不佳的"莫斯科"级反潜直升机母舰外，大型反潜舰

基本参数	
满载排水量	9700吨
全长	173.2米
全宽	18.6米
吃水	6.7米
最高航速	34节
最大航程	7820海里
舰员人数	380人

艇只有10艘"克列斯塔"Ⅱ级巡洋舰，数量虽多，但反潜能力一般。在这种形势下，苏联海军迫切需要设计建造专门用于反潜作战的大型水面舰艇，其成果就是"卡拉"级巡洋舰。

首舰"尼古拉耶夫"号于1968年开工，1969年下水，1971年开始服役。二号舰"奥恰科夫"号、三号舰"刻赤"号、四号舰"亚速"号、五号舰"彼得罗巴甫洛夫斯克"号、六号舰"塔什干"号、七号舰"符拉迪沃斯托克"号分别在1973年、1974年、1975年、1976年、1977年、1979年入役。截至2017年5月，该级舰仅有"刻赤"号被留作预备役，其他各舰均已退役拆解。

舰体构造

"卡拉"级巡洋舰由"克列斯塔"Ⅱ级巡洋舰改进而来,为了克服后者舰内容积紧张和上甲板面积不足的缺点,在其舰桥和中部塔桅之间插入了一个约15米长的舰体分段,使其桥楼长度达到"克列斯塔"Ⅱ级巡洋舰的2倍,甲板的宽度也增大了1米。此举不仅大大改善了其居住性,有利于设置指挥舱室和控制舱室,而且对于增设新武器和传感器也很有利。

主要武器

因为反潜是"卡拉"级巡洋舰的首要任务,所以它装备的反潜武器比较齐全。远程反潜任务由 1 架 Ka-25 反潜直升机担负,其航程为 650 千米,作战半径 300 千米。中近程反潜任务由 2 座四联装 SS-N-14 反潜导弹发射装置负责,该导弹采用液体燃料发动机,战斗部是自导鱼雷或核深弹,最高速度为 0.9 马赫,射程 55 千米。此外,该级舰还有 2 座五联装 533 毫米鱼雷发射管、2 座十二管 RBU-6000 和 2 座六管 RBU-1000 反潜深弹发射装置起辅助反潜作用。

防空武器方面,"卡拉"级巡洋舰装有 2 座 SA-N-3 防空导弹发射装置,该导弹采用无线电指令制导,速度 2.2 马赫,射程 40 千米,作战对象主要是低空目标;2 座双联装 SA-N-4 防空导弹发射装置,该导弹采用无线电指令制导,速度 2 马赫,最大射程 15 千米。此外,还有 4 座六管 30 毫米机炮和 1 门全自动双管 76 毫米舰炮可以执行辅助对空作战任务。"卡拉"级巡洋舰没有安装任何一种专用反舰武器,基本上不能进行反舰作战。

电子设备

"卡拉"级巡洋舰的对空搜索雷达是三坐标"顶舵"雷达,另有"顶网"C、"顿河"2、"顿河"K 等搜索雷达。火控雷达方面,装有 1 部"前灯"雷达(用于 SA-N-3 或 SS-N-14)、2 部"米花群"雷达(用于 SA-N-4)、2 部"枭叫"雷达（用于 76 毫米火炮）、2 部"椴木棰"雷达（用于 30 毫米机炮）等。除此之外，"卡拉"级巡洋舰还拥有 1 部舰壳声呐和 1 部拖曳式变深声呐。

重要事件

在 2014 年俄罗斯和乌克兰围绕克里米亚的军事对峙中，俄罗斯海军在克里米亚半岛西部的米尔内港将已退役的"奥恰科夫"号巡洋舰凿沉，下沉的船体锁死了港口的主航道。

港口中的"卡拉"级巡洋舰

十秒速识

"卡拉"级巡洋舰的舰首前倾，其下部设有球鼻首舰壳声呐。中部干舷较低，两舷外张明显，尤其是首部两舷更为突出。中部有 1 个方形大烟囱；尾部为斜方形，向内推进。

被留作预备役的"刻赤"号

第 3 章 驱逐舰

  驱逐舰是现代海军舰队中突击力较强的中型军舰，主要职责是护航，同时还可执行侦察、巡逻、警戒、布雷、袭击岸上目标等任务。广泛的作战职能使得驱逐舰成为现代海军舰艇中用途最广的舰艇。

美国"阿利·伯克"级驱逐舰

"阿利·伯克"级驱逐舰（Arleigh Burke Class Destroyer）是美国于20世纪80年代开始建造的导弹驱逐舰，建造有76艘，截至2017年5月共有62艘在役，还有14艘的建造计划，仍在建造。该级舰是美国海军现役的主力驱逐舰，也是世界各国现役驱逐舰中建造数量最多的一级。

研发历史

"阿利·伯克"级驱逐舰的研制工作始于20世纪70年代中期，其研制目的是替换老旧的"孔茨"级和"查尔斯·亚当斯"级导弹驱逐舰，并作为"提康德罗加"级巡洋舰的补充力量。首舰"阿利·伯克"号于1988年12月开工，1991年7月正式服役。

基本参数	
满载排水量	9217吨
全长	156.5米
全宽	20.4米
吃水	6.1米
最高航速	30节
最大航程	4400海里
舰员人数	323人

该级舰原计划建造62艘，最后一艘于2012年10月开始服役。不过，美国海军在2009年4月和2013年6月两次增加了"阿利·伯克"级驱逐舰的建造计划，使其建造数量达到76艘。截至2017年5月，首批建造的62艘"阿利·伯克"级驱逐舰全部在役。

第 3 章　驱逐舰

低速巡航的"阿利·伯克"级驱逐舰

舰体构造

"阿利·伯克"级驱逐舰一改驱逐舰传统的瘦长舰体,采用了一种少见的宽短线型。这种线型具有极佳的适航性、抗风浪性和机动性,能在恶劣海况下保持高速航行,横摇和纵摇极小。不过,这种较为短粗的舰体在流体力学上不利于高速航行。

为了提高生存能力,"阿利·伯克"级驱逐舰的设计中充分考虑了减轻战损和在战损情况下保持战斗力的措施。它是世界上第一种装有核生化空气过滤器的战舰,其舰体设计具有气密的效果,所有船舱皆可增加气压来防止核生化污染。重要舱室都敷设了"凯夫拉"装甲,重要系统均有抗冲击加固,能经受水下和空中爆炸的冲击效应。

主要武器

"阿利·伯克"级驱逐舰具有对陆、对海、对空和反潜的全面作战能力,它配备了 2 座 Mk 41 导弹垂直发射系统,可视作战任务决定"战斧"导弹、"标准"Ⅱ导弹、"海麻雀"导弹和"阿斯洛克"导弹的装弹量。此外,该级舰还装有 1 门 127 毫米全自动舰炮、2 座四联装"鱼叉"反舰导弹发射装置、2 座"密集阵"近程防御武器系统、2 座 Mk 32 型 324 毫米鱼雷发射管(发射 Mk 46 或 Mk 50 反潜鱼雷)。此外,该级舰的后期型号还可搭载 2 架 SH-60B/F 直升机,主要用于反潜作战。

"阿利·伯克"级驱逐舰发射"战斧"导弹

"阿利·伯克"级驱逐舰的 127 毫米全自动舰炮

电子设备

"阿利·伯克"级驱逐舰配备的"宙斯盾"系统是美国海军现役最重要的整合式水面舰艇作战系统,具有强大的反击能力,可综合指挥舰上的各种武器,同时拦截来自空中、水面和水下的多个目标,还可对目标威胁进行自动评估,从而优先击毁对自身威胁最大的目标。

"宙斯盾"系统的核心是 SPY-1D 相控阵雷达,它的天线由 4 块八角形的固定式辐射阵面构成,工作时借助于计算机对各个阵面上的发射单元进行 360 度的相位扫描,不仅速度快、精度高,而且仅一部雷达就可完成探测、跟踪、制导等多种功能,可以同时搜索和跟踪上百个空中和水面目标。该雷达的工作参数可以迅速变换,具有极强的抗干扰能力,还能消除海面杂波的影响,可以有效探测掠海飞行的超低空目标。

"阿利·伯克"级驱逐舰的声呐控制中心

重要事件

2000 年 10 月,"阿利·伯克"级驱逐舰"科尔"号(USS Cole DDG-67)在也门补给时遭自杀小艇撞破船身,7 名船员丧生。该舰之后由半潜式举重船"蓝马林鱼"号(MV Blue Marlin)运回美国,于 2001 年修复后重新服役。

十秒速识

"阿利·伯克"级驱逐舰是美国海军第一种按隐身要求设计的水面舰艇，舰体和上层建筑均为倾斜面，以大幅减弱回波信号。它的舰身全采用钢质，没有采用传统的钢铁船底和铝质上部混合法，但仍有一些部件（如桅杆）用铝制造，以减轻重量。

"阿利·伯克"级驱逐舰编队航行

美国"朱姆沃尔特"级驱逐舰

"朱姆沃尔特"级驱逐舰(Zumwalt Class Destroyer)是美国正在建造的最新一级驱逐舰,单艘造价高达75亿美元(超过"尼米兹"级航空母舰),其舰体设计、电机动力、网络通信、侦测导航、武器系统等,无一不是全新研发的尖端科技结晶,充分展现了美国海军的科技实力、雄厚财力以及颇具前瞻性的设计思想。

研发历史

"朱姆沃尔特"级驱逐舰由诺斯洛普·格鲁曼公司、雷神公司、通用动力公司、英国航空电子系统公司、洛克希德·马丁公司等百余家研究机构和公司联合研发。原本美国海军想要建造32艘"朱姆沃尔特"级驱逐舰,但由于新的实验性科技成本过高,建造数量缩减为24艘后,又进一步缩减至7艘。之后为了腾出预算继续建造新的"阿利·伯克"级驱逐舰,最终定案只建造3艘"朱姆沃尔特"级驱逐舰。

基本参数	
满载排水量	14798吨
全长	180米
全宽	24.6米
吃水	8.4米
最高航速	30节
推进功率	78兆瓦
舰员人数	140人

首舰"朱姆沃尔特"号(DDG-1000)于2011年11月开工建造,2016年10月开始服役。二号舰"迈克尔·蒙苏尔"号(DDG-1001)于2013年5月开工建造,2016年6月下水,截至2017年5月仍未服役。三号舰"林登·约翰逊"号(DDG-1002)于2015年4月开工建造,截至2017年5月仍未下水。

"朱姆沃尔特"级驱逐舰通过切萨皮克湾大桥

舰体构造

"朱姆沃尔特"级驱逐舰的舰面上只有一个单一的全封闭式船楼结构。这是一个一体成型的模块化结构，采用重量轻、强度高、雷达反射性低且不会锈蚀的复合材料制造，整体造型由下往上向内收缩以降低雷达反射截面。不同于现役大部分舰艇，"朱姆沃尔特"级驱逐舰将采用革命性的整合式全电力推进系统（Integrated Electric Propulsion，IEP）。动力系统的废气先以海水以及空气冷却，由整合式舰岛顶部的排气口排出，只能从上方才能观测到排烟口，减少了敌方的红外线观测方位。

为了研究"朱姆沃尔特"级驱逐舰的IEP系统，美国海军研究办公室主导制造了一艘长40.6米、排水量120吨的实验艇——先进电力推进船只展示平台（Advanced Electric Ship Demonstrator，AESD），整个艇体构型宛若"朱姆沃尔特"级驱逐舰的缩小版，可容纳2名操作人员。

第 3 章　驱逐舰

"朱姆沃尔特"级驱逐舰后方视角

主要武器

"朱姆沃尔特"级驱逐舰的主要武器包括 2 座先进舰炮系统（Advanced Gun System, AGS）、20 具 Mk 57 导弹垂直发射装置和 2 门 30 毫米 Mk 46 链炮。AGS 是一种 155 毫米火炮，其装药量、持续发射能力和齐射压制能力均远胜美国海军现役的 Mk 45 Mod 4 舰炮。然而，高性能的代价就是高价格，先进舰炮系统发射的 LRLAP 制导炮弹的单价高达 80 万美元，大大超出美国海军的承受能力。

Mk 57 导弹垂直发射装置位于船体周边，一共可装 80 枚导弹，包括"海麻雀"导弹、"战斧"巡航导弹、"标准"Ⅱ导弹和反潜火箭等。"朱姆沃尔特"级驱逐舰拥有两个直升机库，可配备 2 架改良型的 SH-60R 反潜直升机，或者由 1 架 MH-60R 特战直升机搭配 3 架 RQ-8A"火力侦察兵"无人机的组合。

"朱姆沃尔特"级驱逐舰的先进舰炮系统

电子设备

"朱姆沃尔特"级驱逐舰最主要的雷达系统为双频雷达系统（Dual Band Radar，DBR），分为两个部分，一是远程广域搜索雷达（Volume Search Radar，VSR），二是多功能雷达（Multi Fuction Radar，MFR）。VSR 采用波长较长的 S 频，负责长距离对空搜索，而 MFR 的型号确定为 AN/SPY-3，使用波长短而精确度高的 X 频，主要任务为目标追踪与武器火控。

除了雷达以外，"朱姆沃尔特"级驱逐舰还拥有整合光电侦测/火控系统,其中包括高分辨率红外线热影像仪,使其具有全天候观测能力。反潜侦测方面,"朱姆沃尔特"级驱逐舰配备整合式双频(高频/中频)主被动舰体声呐,其中高频声呐部分的精确度极高,主要用于回避水雷。此外,目前美国海军正在进行 IUSW-21 计划来开发一系列先进声呐系统,包括多功能舰体声呐、高频浅水避雷主动声呐等,极有可能配备于"朱姆沃尔特"级驱逐舰上。

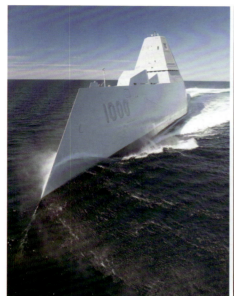

高速航行的"朱姆沃尔特"级驱逐舰

重要事件

2016 年 11 月 21 日,"朱姆沃尔特"号驱逐舰从巴拿马运河的加勒比海侧要到太平洋侧,路过运河的下半部分时发生故障,之后由拖船拖出运河以免阻碍航道,暂时放在罗德曼海军基地。

"朱姆沃尔特"级驱逐舰在圣迭戈港

十秒速识

"朱姆沃尔特"级驱逐舰采用先进而全面的隐身设计,其舰面上只有一个单一的全封闭式船楼结构。这个结构不仅整合了舰桥和所有电子装备的天线,还容纳有主机烟囱的排烟道,尾部则含有直升机库。

"朱姆沃尔特"级驱逐舰(前)和"独立"级濒海战斗舰(后)

俄罗斯"现代"级驱逐舰

"现代"级驱逐舰（Sovremenny Class Destroyer）是苏联于20世纪80年代建造的大型导弹驱逐舰，无论是整体尺寸、适航性、生存性、火力等都超过苏联之前建造的"克列斯塔"级巡洋舰。"现代"级驱逐舰主要担任反舰任务，截至2017年5月仍有5艘在俄罗斯海军服役。

研发历史

20世纪70年代后期，苏联开始规划两种大型驱逐舰，以辅助苏联主力水面战斗群，第一种是以反潜为主要任务的"无畏"级驱逐舰，第二种则是用来辅助"无畏"级驱逐舰的"现代"级驱逐舰，档次稍低，以反舰与防空为主要任务。

基本参数	
满载排水量	8480 吨
全长	156.4 米
全宽	17.2 米
吃水	7.8 米
最高航速	32.7 节
最大航程	2400 海里
舰员人数	350 人

苏联解体后，俄罗斯海军延续了"现代"级驱逐舰的建造工作，最终建造了21艘，其中俄罗斯海军装备了17艘，其他4艘出口国外。截至2017年5月，仍有5艘"现代"级驱逐舰在役，主要服役于太平洋舰队和北方舰队。

舰体构造

"现代"级驱逐舰的舰体采用低长宽比的设计,虽然比较不利于高速性能,但是却增加了适航性与耐波能力,较适合远洋作战。舰体由高强度钢材制造,全舰划分为16个水密隔舱。为了降低雷达散射截面积,"现代"级驱逐舰的上层建筑略有内倾,但全舰各式电子装备和武器布置杂乱,整体构型隐身效益较差。"现代"级驱逐舰采用老式蒸汽锅炉驱动蒸汽轮机,而非主流的燃气轮机,这虽然是一种逆时代的做法,但结构简单、维护成本更低的蒸汽轮机更能减轻苏联海军的负担。

主要武器

"现代"级驱逐舰是一款侧重于反舰和防空的驱逐舰,主要搭配同时期的"无畏"级反潜驱逐舰使用。该级舰的主要武器包括2座AK-130型130毫米舰炮、2座四联装KT-190反舰导弹发射装置(发射SS-N-22"日炙"反舰导弹,最大射程可达120千米)、4座AK-630M型30毫米近防炮系统、2座3K90M-22型防空导弹发射装置(发射SA-N-7防空导弹，射程 25 千米）、2 座双联装 533 毫米鱼雷发射装置、2 座 RBU-12000 反潜火箭发射装置、8 座十联装 PK-10 诱饵发射器和 2 座双联装 PK-2 诱饵发射器。此外，还可搭载 1 架 Ka-27 反潜直升机。

港口中的"现代"级驱逐舰

电子设备

"现代"级驱逐舰的电子设备较多，包括 MR-750MA "顶板"三坐标对空搜索雷达、"音乐台"火控雷达、MR-90 "前罩"火控雷达、MR-184 "鸢鸣"火控雷达、"椴木棰"火控雷达、MG-335 声呐等，并有多种电子对抗设备，可对敌人实施有效的电子干扰。

重要事件

1985年8月21日，苏联海军"缜密"号驱逐舰（"现代"级）与"斯皮里多诺夫海军上将"号驱逐舰（"无畏"级）护送"伏龙芝"号巡洋舰（"基洛夫"级）从波罗的海造船厂调往太平洋舰队，该舰队通过巴士海峡进入东海。日本海上自卫队首先出动了一架P-2J反潜巡逻机，随后又派出了"朝云"号护卫舰监视"伏龙芝"号编队。

十秒速识

"现代"级驱逐舰较为饱满，舰上建筑分为首、尾两部分，在舰首前方配有1座悬臂式舰空导弹发射架，两侧各有1座四联装"日炙"反舰导弹发射筒，舰首上有1座球形雷达天线，主桅杆上挂有三坐标雷达天线。后部分建筑为烟囱，并在烟囱后面设有飞行甲板，可起降舰载直升机。

俄罗斯"无畏"级驱逐舰

"无畏"级驱逐舰（Udaloy Class Destroyer）是苏联于20世纪70年代后期开始建造的驱逐舰，分为"无畏Ⅰ"级和"无畏Ⅱ"级两个型号。该级舰是20世纪80年代苏联海军最先进的战舰之一，也是苏联唯一的大型反潜舰。截至2017年5月，仍有9艘"无畏"级驱逐舰在俄罗斯海军服役。

研发历史

"无畏Ⅰ"级驱逐舰于20世纪70年代后期开始建造，一共建造了12艘，分别是"无畏"号、"库拉科夫海军中将"号、"瓦西列夫斯基元帅"号、"扎哈洛夫海军上将"号、"特里布茨海军上将"号、"斯

基本参数	
满载排水量	8900吨
全长	163.5米
全宽	19.3米
吃水	7.5米
最高航速	30节
最大航程	6000海里
舰员人数	250人

皮里多诺夫海军上将"号、"沙波什尼科夫元帅"号、"哈巴罗夫斯克"号、"北莫尔斯克"号、"维诺格多诺夫海军上将"号、"哈尔拉莫夫海军上将"号、"潘捷列耶夫海军上将"号。其中，"无畏"号于1980年11月入役，"潘捷列耶夫海军上将"号于1991年12月入役。

"无畏Ⅱ"级驱逐舰于20世纪80年代末开始建造，其建造计划受苏联解体的影响较大，原计划首批建造3艘，但由于苏联解体后俄罗斯经济

状况欠佳,最终只建成1艘,即"恰巴年科"号。

"无畏Ⅱ"级驱逐舰"恰巴年科"号

舰体构造

"无畏"级驱逐舰借鉴了西方国家的设计思想,改变了以往缺乏整体思路、临时堆砌设备的做法,使舰体外形显得整洁利索。全舰结构紧凑、布局简明,主要的防空、反潜装备集中于舰体前部,中部为电子设备,后部为直升机平台,整体感很强。舰上的重要舱室都有密闭式的防护系统,可以防止外界受污染的空气进入。"无畏Ⅰ"级和"无畏Ⅱ"级在外观上差别不是很大,最主要的区别在于其武器配置。

低速航行的"无畏Ⅰ"级驱逐舰

"无畏Ⅰ"级驱逐舰侧面视角

主要武器

"无畏Ⅰ"级的主要作战任务为反潜，安装有 2 座四联装 SS-N-14 反潜导弹发射装置、2 座四联装 533 毫米鱼雷发射管、2 座十二联装 RBU-6000 反潜火箭发射装置、4 座 30 毫米 AK-630 六管近防炮。此外，还具备一定的防空能力，但没有反舰能力。

与"无畏Ⅰ"级相比，"无畏Ⅱ"级的用途更为广泛，能执行防空、反舰、反潜和护航等多种任务，其主要武器包括 1 座双联装 AK-130 全自动高平两用炮、8 座八联装 SA-N-9 "刀刃"导弹垂直发射系统、2 座"卡什坦"近程防御武器系统、2 座 SS-N-22 "日炙"四联装反舰导弹发射装置、2 座四联装多用途鱼雷发射管、10 管 RBU-12000 反潜火箭发射装置等。"无畏Ⅰ"级和"无畏Ⅱ"级均可搭载 2 架 Ka-27 反潜直升机。

"无畏Ⅰ"级驱逐舰的 RBU-6000 反潜火箭发射装置

电子设备

"无畏Ⅰ"级驱逐舰的对空搜索雷达是1部三坐标"顶板"雷达和1部"双柱"雷达。对海搜索则是1部"棕榈叶"雷达。火控系统为2部"眼球"雷达（用于SS-N-14反潜导弹）、2部"十字剑"雷达（用于SA-N-9防空导弹）、1部"鸢鸣"雷达（用于100毫米炮）和2部"椴木棰"雷达（用于30毫米炮）。"无畏Ⅰ"级装有2部"足球B"电子对抗/支援系统，6部"半杯"激光报警系统，另有8座PK-10干扰火箭发射器。声呐方面，主要是"马颚"中频球首声呐，"马尾"拖曳式变深声呐。

"无畏Ⅱ"级驱逐舰的雷达主要有1部"双柱"Ⅱ对空搜索雷达、1部"顶板"3D对空搜索雷达、3部"棕榈叶"对海搜索雷达、2部"十字剑"火控雷达（用于SA-N-9防空导弹）和1部"鸢鸣"火控雷达（用于130毫米舰炮）。声呐设备包括"马颚"/"多项式"主动搜索与攻击声呐、"马尾"变深主动搜索声呐。电子战装置包括2部"酒杯"电子支援系统、2部"罩钟"电子支援系统、2部"座钟"电子对抗系统、4部"半杯"激光告警装置和2部"弹罩"电子支援系统。

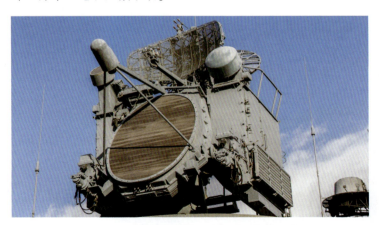

"无畏Ⅰ"级驱逐舰的"十字剑"火控雷达

重要事件

2003年年初，"潘捷列耶夫海军上将"号秘密开赴波斯湾，以"在伊

第 3 章　驱逐舰

拉克和美国的矛盾升级时捍卫俄罗斯在波斯湾的国家利益"。伊拉克战争打响时，"潘捷列耶夫海军上将"号舰艇编队正游弋在波斯湾海域执行相关的监视任务。

"无畏Ⅱ"级驱逐舰侧后方视角

十秒速识

"无畏"级驱逐舰为长首楼形，上层建筑分首、中、尾不连续的三段。首端的舷弧比较平坦，有利于首端甲板人员的行动和操作。首部和中部干舷较高。主船体两侧设折角线，折角线从离首端约18米处开始延续至长首楼后端，折角线与主甲板边线重合。水线以上至折角线明显外飘。

"无畏Ⅰ"级驱逐舰侧后方视角

英国"谢菲尔德"级驱逐舰

"谢菲尔德"级驱逐舰(Sheffield Class Destroyer)是英国于20世纪70年代开始建造的导弹驱逐舰,也称为42型驱逐舰,主要用户为英国海军和阿根廷海军。

研发历史

"谢菲尔德"级驱逐舰一共建造了16艘,其中2艘出售给阿根廷,14艘装备于英国海军。英国海军装备的"谢菲尔德"级驱逐舰均采用英国城市命名,即"谢菲尔德"号(D80)、"纽卡斯尔"号(D87)、"格拉斯哥"号(D88)、"伯明翰"号(D86)、"加地夫"号(D108)、"考文垂"号(D118)、"伊克特"号(D89)、"南安普敦"号(D90)、"诺丁汉"号(D91)、"利物浦"号(D92)、"曼彻斯特"号(D95)、"格格斯特"号(D96)、"爱丁堡"号(D97)和"约克"号(D98)。

基本参数	
满载排水量	5350吨
全长	141.1米
全宽	14.9米
吃水	5.8米
最高航速	30节
最大航程	4000海里
舰员人数	312人

"谢菲尔德"号于1970年5月开工,1972年6月下水,1975年2月服役。到1985年,14艘"谢菲尔德"级驱逐舰均已进入英国海军服役,母港均

为朴次茅斯。截至 2017 年 5 月，英国海军装备的"谢菲尔德"级驱逐舰已经全部退役，而阿根廷海军尚有 1 艘在役。

舰体构造

为了降低成本，英国军方限制了"谢菲尔德"级驱逐舰的排水量。为了增加武器和电子设备，又简化了全舰的壳体结构，采用了薄壳型舰体，因此结构薄弱，容易被击穿和受热起火。该级舰的主船体由主横隔壁划分为 18 个水密舱段，舰内设两层连续甲板。

"谢菲尔德"级驱逐舰采用全燃交替动力装置（COGOG），第一、第二批驱逐舰采用 2 台奥林巴斯 TM3B 燃气轮机（每台持续功率 18.38 兆瓦）和 2 具泰恩 RM1A 巡航燃气轮机（每台持续功率 3.64 兆瓦）。第三批驱逐舰采用 2 具奥林巴斯 TM3B 燃气轮机和 2 具泰恩 RM1C 巡航燃气轮机（每台持续功率 3.92 兆瓦）。

主要武器

"谢菲尔德"级驱逐舰的武器装备包括1座双联装GWS30"海标枪"防空导弹发射装置,2座三联装324毫米鱼雷发射管,1门113毫米Mk 8舰炮,2门20毫米GAM-B01舰炮,2座"密集阵"近程防御武器系统等。该级舰的舰尾还设有飞行甲板,可携带1架韦斯特兰公司的"大山猫"直升机。

"谢菲尔德"级驱逐舰的 113 毫米 Mk 8 舰炮

电子设备

"谢菲尔德"级驱逐舰配备的雷达包括 1 部 1022 型对空警戒雷达、1 部 966 型对海/空警戒及目标指示雷达、2 部 909 型火控雷达、1 部 1007 型或 1008 型导航雷达。声呐设备包括 1 部 2050 型或 2016 型中频主动搜索与攻击声呐、1 部 162M 型声呐（用于探测和识别水下目标和海底目标）。其他电子设备还有 UAA-2/UAT-1 电子侦察系统、670 型干扰机、SCOT-IC 卫星通信系统等。

"谢菲尔德"级驱逐舰的雷达天线特写

重要事件

1982年4月到6月间,英国和阿根廷为争夺福克兰群岛(阿根廷方面称为马尔维纳斯群岛)的主权而爆发了一场局部战争,即福克兰群岛战争(英阿马岛战争)。战争中,英国海军的两艘"谢菲尔德"级驱逐舰("谢菲尔德"号和"考文垂"号)被阿根廷军队击沉。

"谢菲尔德"级驱逐舰在朴次茅斯港

十秒速识

"谢菲尔德"级驱逐舰为高干舷、平甲板型的双桨双舵全燃动力装置驱逐舰,上层建筑分间断的前、后两部分,贯通型主甲板延伸至舰尾。

英国"勇敢"级驱逐舰

"勇敢"级驱逐舰（Daring Class Destroyer）是英国于 21 世纪初开始建造的新一代导弹驱逐舰，又称为 45 型驱逐舰。该级舰是英国海军现役的主力导弹驱逐舰，配备"主防空导弹系统"（Principal Anti Air Missile System，PAAMS）、性能优异的"桑普森"相控阵雷达和 S1850M 远程雷达，并划时代地采用了整合式全电力推进系统。

研发历史

1991 年，英国与法国合作展开"未来护卫舰"计划，意大利也在 1992 年年底加入这个团队。由于各国需求不一，英国最终于 1999 年 4 月退出了这一计划。此后，英国决定自行发展新一代驱逐舰，其成果就是"勇敢"级驱逐舰。该级舰原计划建造 12 艘，但由于英国海军经费持续缩减，驱逐舰和护卫舰的规模由原本的 31 艘缩减至 25 艘，"勇敢"级驱逐舰也受到波及，最终建造数量降至 6 艘。

基本参数	
满载排水量	7350 吨
全长	152.4 米
全宽	21.2 米
吃水	5 米
最高航速	30 节
最大航程	7000 海里
舰员人数	235 人

首舰"勇敢"号（D32）于 2003 年 3 月开始建造，2009 年 7 月服役。二号舰"不屈"号（D33）于 2004 年 8 月开始建造，2010 年 6 月服役。三号舰"钻石"号（D34）于 2005 年开始建造，2011 年 6 月服役。四号舰"飞

龙"号（D35）于2005年12月开始建造，2012年4月服役。五号舰"卫士"号（D36）于2006年7月开始建造，2013年3月服役。六号舰"邓肯"号（D37）于2007年1月开始建造，2013年9月服役。

舰体构造

"勇敢"级驱逐舰采用模块化建造方式，主承包商承造舰体与次承包商制造次系统在同时进行，舰体完成后，系统就直接送到造船厂装上舰体。由于采用模块化建造，不仅减少了建造时间与成本，未来进行维修、改良也十分便利。为了对抗北大西洋上恶劣的风浪，"勇敢"级驱逐舰的舰炮前方设有大型挡浪板。动力系统方面，"勇敢"级驱逐舰采用了革命性的整合式全电力推进系统（Full Electric Propulsion，FEP），包含两具劳斯莱斯WR-21燃气涡轮机组（分别驱动一个21兆瓦的交流主发电机）和两具瓦锡兰12V200柴油辅助发电机。

主要武器

"勇敢"级驱逐舰装有2座四联装"鱼叉"反舰导弹发射装置,用于反舰。反潜方面,依靠"山猫"直升机(1架)、"阿斯洛克"反潜导弹和324毫米鱼雷。防空方面,主要依靠"席尔瓦"导弹垂直发射系统发射"阿斯特"15型或"阿斯特"30型防空导弹。此外,该级舰还安装有1门114毫米舰炮、2门30毫米速射炮和2座20毫米近程防御武器系统,也可提供一定的对陆攻击、防空和反舰能力。

"勇敢"级驱逐舰最重要的武器就是"主防空导弹系统",这也是许多新一代欧洲海军舰艇的重要武器。PAAMS的雷达系统因使用国不同而异,但导弹都是由法国研发的"阿斯特"防空导弹。"勇敢"级驱逐舰选择的雷达是由英国宇航系统公司研发的"桑普森"主动式多功能相控阵雷达,其技术层次与性能都十分优异,但造价极为高昂。虽然"勇敢"级驱逐舰的排水量低于美国"阿利·伯克"级驱逐舰,防空导弹的搭载量也远少于后者,但"勇敢"级驱逐舰的总成本却比"阿利·伯克"级驱逐舰高出不少,"桑普森"雷达是主要原因之一。

电子设备

"勇敢"级驱逐舰装备的电子设备较为完善,包括多种雷达设备、声呐设备、电子战设备和通信系统、水文与气象系统等。雷达设备以"桑普森"多重目标追踪雷达和S1850M型3D对空监视雷达为主,电子战设备则包括"海蚊"导弹诱导系统和水面舰艇鱼雷防御(Surface Ship Torpedo Defence,SSTD)系统等。该级舰装备的METOC水文与气象系统由英国宇航系统公司生产,这是一种全面天气感知系统和水文系统。

"桑普森"多重目标追踪雷达特写

第 3 章 驱逐舰

重要事件

2013年年初,"勇敢"号驱逐舰开始了其长达9个月的太平洋部署任务,先后访问美国东海岸、智利波多黎各,并经过巴拿马运河后访问美国珍珠港希卡姆联合基地,与美国合作进行联合弹道导弹防御实验。

"勇敢"级驱逐舰侧后方视角

十秒速识

"勇敢"级驱逐舰拥有超长的前甲板,114毫米舰炮位于A位置,后方上升区域安装有"席尔瓦"导弹垂直发射系统;B位置装有"鱼叉"反舰导弹发射装置;平板式上层建筑位于烟囱前方,突出高耸的封闭式金字塔形桅杆顶部安装有"桑普森"雷达整流罩。

法国"乔治·莱格"级驱逐舰

"乔治·莱格"级驱逐舰(Georges Leygues Class Destroyer)是法国于20世纪70年代建造的反潜型驱逐舰,又称为F70型驱逐舰。该级舰是法国海军第一种采用燃气涡轮机的水面舰艇,续航能力尤为突出,足以伴随航空母舰进行远洋作业。

研发历史

为了取代20世纪50年代服役的T47型驱逐舰,法国海军于20世纪70年代开始规划建造一批新的通用驱逐舰,称为"乔治·莱格"级。1971年,"乔治·莱格"级驱逐舰的草图完成,1972年进入设计阶段。该级舰一共建造了7艘,即"乔治·莱格"号(D640)、"迪普莱"号(D641)、"蒙特卡姆"号(D642)、"让·德·维埃纳"号(D643)、"普里毛盖特"号(D644)、"拉摩特·皮凯"号(D645)和"拉图什·特雷维尔"号(D646)。其中,"乔治·莱格"号于1974年9月开工,1978年11月下水,1979年12月服役。截至2017年5月,"乔治·莱格"级驱逐舰仍有5艘在役。

基本参数	
满载排水量	4350吨
全长	139米
全宽	14米
吃水	5.5米
最高航速	30节
最大航程	9500海里
舰员人数	235人

第 3 章　驱逐舰

港口中的"乔治·莱格"级驱逐舰

舰体构造

"乔治·莱格"级驱逐舰为长首楼的双桨、单舵驱逐舰，后舰体水线面丰满，有利于提高舰的适航性。该级舰为方形舰尾，尾板在水线之上，尾端没有浸水，减少了舰的湿表面积，有利于减小低速时的阻力。舰首干舷相对较低，因为露天甲板首部有负 5 度的倾斜。"乔治·莱格"级驱逐舰的主船体设两层连续甲板，全舰至水密甲板设 16 个主隔壁，分成 17 个水密舱。

主要武器

"乔治·莱格"级驱逐舰以反潜、舰队护航、反水面作战为主要任务，可伴随法国的航空母舰战斗群或在弹道导弹核潜艇进出港时提供护卫，并具备基本的点防空自卫能力。防空任务由1座八联装"响尾蛇"舰对空导弹发射装置承担，后3艘舰对其进行了改进，使其具有反导能力，并加装了1座双联装"西北风"近程防空导弹系统。

反舰武器为4座单装MM 38"飞鱼"反舰导弹发射装置，后5艘改为2座四联装MM 40型。此外，还装有1门100毫米全自动炮和2门20毫米单管舰炮。远程反潜任务主要由2架舰载"山猫"直升机承担。

"乔治·莱格"级驱逐舰在浅水区域航行

电子设备

"乔治·莱格"级驱逐舰装有 1 部 DRBV-26 对空搜索雷达、1 部 DRBV-51C（后 3 艘为 DRBV-15A）对海/对空搜索雷达、2 部"台卡·雷卡"1226 导航雷达、1 部 DRBC-32E（后 3 艘为 DRBC-33A）炮瞄雷达、1 部"熊猫"光电瞄准仪、1 套 DIBV-1A"旺皮尔"红外监视装置。电子战设备有 ARBB-32B 或 ARBB-36 系统，另有 1 部 ARBR-17 雷达报警系统。舰上装有 2 座"萨盖"10 管火箭干扰弹发射装置。

"乔治·莱格"级驱逐舰前 4 艘配有 DUBV-23D 球首声呐和 DUBV-43B（主动探测距离 13.5 海里）变深声呐各 1 部，直升机配有 DUAV-4 吊放式声呐 1 部。后 3 艘分别改进为 DUBV-24C 型、DUBV-43C 型和 HS-12 型，并另外加装了 1 部 DSBV-61 被动式线列阵声呐。此外，该级舰还配有 AN/SSQ-56A 海水温度/深度记录仪 1 部，NUTE-1A 声线轨迹仪 1 部，AN/UQN-1H 和 NUBS-14A 回声测深仪各 1 部。

"乔治·莱格"级驱逐舰的雷达天线特写

重要事件

1990 年 7 月，"乔治·莱格"级驱逐舰最后一艘顺利入役，标志着法国水面舰艇部队的反潜能力极大的提高。

"乔治·莱格"级驱逐舰侧后方视角

十秒速识

"乔治·莱格"级驱逐舰的 100 毫米舰炮装于较长的前甲板 A 位置，靠近上层建筑；舰桥后缘安装有大型框架式主桅，后缘垂直，前缘略倾。框架式主桅前方高大的柱状桅杆安装有电子支援系统阵列天线；高大的烟囱位于舰体中部，前缘垂直，后缘略倾。烟囱顶罩朝后倾斜。

低速航行的"乔治·莱格"级驱逐舰

法国"卡萨尔"级驱逐舰

"卡萨尔"级驱逐舰(Cassard Class Destroyer)是法国在"乔治·莱格"级驱逐舰基础上改进而来的防空型驱逐舰,在"地平线"级驱逐舰正式加入法国海军服役之前,"卡萨尔"级驱逐舰一直是法国海军最倚重的防空舰艇,其主要任务是护卫法国的航空母舰,必要时也可当作其他舰队的防空护航舰。

研发历史

1975年,法国舰艇建造局开始在"乔治·莱格"级反潜型驱逐舰的基础上研究防空型的设计,改进重点在于动力装置和直升机库。1977年,法国海军批准了设计方案,1978年订购了首舰"卡萨尔"号(D614),1979年订购了二号舰"让·巴特"号(D615)。"卡萨尔"号于1982年9月开工建造,1985年2月下水,1988年7月开始服役。"让·巴特"号于1986年3月开工建造,1988年3月下水,1991年9月开始服役。截至2017年5月,两舰仍在服役。

基本参数	
满载排水量	4700吨
全长	139米
全宽	14米
吃水	6.5米
最高航速	29.5节
最大航程	7126海里
舰员人数	245人

舰体构造

"卡萨尔"级驱逐舰的上层结构部分表面采用倾斜以及圆滑外形,可部分地降低雷达横截面。为了增加舰首主炮向下射击的角度,"卡萨尔"级驱逐舰的舰首下削5度而呈现一个负鞍弧。舰体的第二层甲板中轴线上,设有一条贯穿全舰的通道,舰上人员能利用这条通道在舰上迅速移动并抵达战斗位。在核生化环境下,全舰可维持密封运作状态达24小时。

相对于过去法国的舰艇,"卡萨尔"级驱逐舰拥有较佳的适居性,士兵舱为每6人一间,军/士官住舱依照阶级与资历有所区别,最高等级为2人一间,而舰上相关餐厅、厨房、仓储、医疗等生活服务舱区的空间也比以往充裕。

主要武器

"卡萨尔"级虽然身为防空型驱逐舰，但武器装备较为齐全，能担负各种任务。"卡萨尔"级驱逐舰装有1门100毫米68型单管舰炮，2门20毫米Mk 10型舰炮，2挺12.7毫米机枪，1座单臂Mk 13导弹发射装置（备有40枚"标准"防空导弹），2座六联装"西北风"导弹发射装置（备有12枚"西北风"导弹），2座四联装"飞鱼"导弹发射装置（备8枚"飞鱼"反舰导弹），2座KD59E固定型鱼雷发射管（备10枚反潜鱼雷），2座"达盖"干扰火箭发射装置和2座"萨盖"远程干扰火箭发射装置。此外，"卡萨尔"级驱逐舰还可搭载1架"黑豹"直升机。

电子设备

"卡萨尔"级驱逐舰装有1部DRBJ11B三坐标雷达，工作在E/F波段，搜索距离366千米；1部DRBV26C海/空搜索雷达，工作在D波段；2部DRBN34A导航雷达；1部DRBC33A火控雷达，工作在I波段，用于舰炮的火控；2部SPG-51C导弹火控雷达，工作在G/I波段，用于"标准"导弹的火控。电子战方面，配备了ARBR17B雷达侦察机、"旺皮尔"红外监视装置和ARBB33干扰机。另外，还有1套SLQ-25"水精"拖曳鱼雷诱饵。

重要事件

两艘"卡萨尔"级驱逐舰原计划分别服役到 2013 年和 2015 年,但由于迟迟没有后继者接棒,所以服役期不得不延长。

十秒速识

"卡萨尔"级驱逐舰是全焊接的钢质平甲板舰体,纵骨架式结构。甲板首部为负 5 度的马鞍形弧,增大了火炮的射击扇面。上层建筑采用铝合金制造,舰桥位置比"乔治·莱格"级驱逐舰后移,且位置略有升高。作战室布置在上层建筑内,与驾驶室毗邻。

第 3 章　驱逐舰

二号舰"让·巴特"号侧面视角

法国/意大利"地平线"级驱逐舰

"地平线"级驱逐舰(Horizon Class Destroyer)是法国和意大利联合设计建造的防空型驱逐舰,一共建造了4艘,两国海军各装备2艘。该级舰集多种功能于一身,除为航空母舰提供有效的防空火力支援外,还具有较强的反潜、反舰及对岸作战能力。

研发历史

1992年,英国、法国和意大利在NFR-90北约巡防舰计划失败后发表联合声明,表示将继续合作造舰,由此催生了"地平线"计划和"主防空导弹系统"研发案。1999年,英国因需求不同而撤出计划,但法国和意大利在"地平线"计划上有较多的共同点,因此并没有放弃这个项目。

基本参数	
满载排水量	7050吨/6700吨
全长	151.6米
全宽	20.3米/17.5米
吃水	4.8米/5.1米
最高航速	29节
最大航程	7000海里
舰员人数	200人

为了能让"地平线"项目顺利进行,法国和意大利在2000年10月联合组建新公司,专门负责"地平线"项目的开发。之后,法国、意大利两国政府签署了关于修改"地平线"计划的谅解备忘录,首批为两国海军分别建造2艘。法国海军的"福尔班"号(D620)和"骑士保罗"号(D621)分别于2008年12月和2009年6月开始服役,意大利海军的"安多利亚·多利亚"号(D553)和"卡欧·迪里奥"号(D554)分别于2007年12月和2009年4月开始服役。

第 3 章　驱逐舰

法国版一号舰"福尔班"号

意大利版二号舰"卡欧·迪里奥"号

舰体构造

"地平线"级驱逐舰有着浓郁的法国特色,舰上采用的海军战术情报处理系统、近程防御系统等是法国自主研制。基本型的法国"地平线"级驱逐舰的满载排水量为 7050 吨,意大利版为 6700 吨。舰长均为 151.6 米。法国版的舰宽为 20.3 米、意大利版为 17.5 米。法国版的吃水深度为 4.8 米、意大利版为 5.1 米。

法国版"地平线"级驱逐舰侧面视角

主要武器

"地平线"级驱逐舰装备的"主防空导弹系统"由"欧洲多功能相控阵雷达"(EMPAR)、"席尔瓦"垂直发射系统以及"阿斯特"导弹组成。在反舰方面,法国版选用"飞鱼"MM40导弹,意大利版选用"奥托马特"Mk 3导弹。在反潜方面,"地平线"级驱逐舰拥有2座三联装鱼雷发射装置,能够发射MU-90型324毫米轻型鱼雷。法国版装有2门奥托·梅莱拉76毫米速射炮(射速120发/分,配备隐身炮塔)和2门吉亚特20毫米舰炮,意大利版则采用3门奥托·梅莱拉76毫米速射炮和2门25毫米自动炮。此外,两种版本均可搭载2架NH-90直升机。

意大利版"地平线"级驱逐舰侧面视角

电子设备

除了主要的 EMPAR 防空火控雷达之外,"地平线"级驱逐舰还配备了 1 部 S-1850M 长程电子扫瞄预警雷达作为 EMPAR 的辅助。电子战方面,"地平线"级驱逐舰配备电子对抗/支援、通信干扰系统以及两具萨基姆公司开发的新世代诱饵发射系统(New Generation Decoy System,NGDS)。该级舰的数据链系统涵盖美国 Link-11/14/16/22 等规格(法国版称为 LADT),法国版还配备 Syracuse Ⅲ 卫星通信系统。

法国版"地平线"级驱逐舰侧后方视角

重要事件

2012 年 4 月 4 日,法国海军"福尔班"号驱逐舰成功摧毁一个模拟超音速掠海反舰导弹的目标。负责目标模拟的 GQM 163A 超音速掠海靶弹由位于法属里维埃拉黎凡特岛的军方导弹试验中心发射。

港口中的法国版"地平线"级驱逐舰

十秒速识

"地平线"级驱逐舰高大的金字塔形桅杆安装于上层建筑舰桥顶部，低矮的烟囱紧靠整体式金字塔形桅杆，顶部装有柱状桅杆；反舰导弹箱式发射装置装于前后上层建筑之间；短小的金字塔形桅杆位于上层建筑前缘，对空搜索雷达安装在其顶部；短小的直升机着陆甲板位于后甲板。

法国版"地平线"级驱逐舰在浅水区域航行

日本"金刚"级驱逐舰

"金刚"级驱逐舰（Kongō Class Destroyer）是日本研制的导弹驱逐舰，不仅是日本海上自卫队最早配备"宙斯盾"系统的作战舰只，也是全世界除了美国之外最早出现的"宙斯盾"驱逐舰。在2007年"爱宕"级驱逐舰服役之前，"金刚"级驱逐舰一直是日本海上自卫队排水量最大的作战舰艇。

研发历史

在冷战时期，身为岛国的日本由于各种能源及资源都依赖进口，因此要确保海上运输路线的安危成为非常重要的课题。20世纪80年代末，日本以美国海军"阿利·伯克"驱逐舰I构型为蓝本，引

基本参数	
满载排水量	9485吨
全长	161米
全宽	21米
吃水	6.2米
最高航速	30节
最大航程	4500海里
舰员人数	300人

进"宙斯盾"作战系统，建造了4艘装备"标准"II防空导弹的"金刚"级驱逐舰，从而成为继美国之后第二个拥有"宙斯盾"驱逐舰的国家。日本海上自卫队的核心——4个护卫队群以"金刚"级为核心各配备了2艘防空驱逐舰，防空作战能力由此获得极大的提高。

"金刚"级驱逐舰一共建造了4艘，分别是"金刚"号（DDG-173）、"雾岛"号（DDG-174）、"妙高"号（DDG-175）和"鸟海"号（DDG-176）。

其中,"金刚"号于 1990 年 5 月开工,1991 年 9 月下水,1993 年 3 月服役。随后,"雾岛"号于 1995 年 3 月 16 日竣工,"妙高"号于 1996 年 3 月 14 日竣工,"鸟海"号于 1998 年 3 月 20 日竣工。截至 2017 年 5 月,"金刚"级驱逐舰仍然全部在役。

舰体构造

"金刚"级驱逐舰的主要技术都是从美国引进的,从总体的布局、重要装备的配置,基本上与"阿利·伯克"级驱逐舰相似,但也作了一些变动和发展。"金刚"级驱逐舰的舰型为高干舷的平甲板型,改用了垂直的较笨重的四角格子桅杆,在一定程度上破坏了"阿利·伯克"级驱逐舰的雷达隐身性设计。不过,"金刚"级驱逐舰的舰体比"阿利·伯克"级驱逐舰更为庞大,拥有更充裕的舰内容积,并且特别强化了指管通情能力。

主要武器

"金刚"级驱逐舰的主要武器包括:2 座 Mk 41 导弹垂直发射系统,

2座四联装"鱼叉"反舰导弹发射装置,2座Mk 15"密集阵"近程防御系统,2座三联装HOS-302型324毫米鱼雷发射管,4座六管MK36 SRBOC干扰火箭发射器和SLQ-25型"水精"鱼雷诱饵。此外,"金刚"级驱逐舰还可搭载1架SH-60直升机。由于美国没有转让其"战斧"巡航导弹,因此"金刚"级驱逐舰不具备远程对岸攻击能力。

"金刚"级驱逐舰发射导弹

电子设备

"金刚"级驱逐舰的电子设备包括SPY-1D相控阵雷达、OPS-28D对空雷达、OQS-102舰首球形声呐、OQR-2拖曳式声呐、ESM/ECM电子战系统、NOLQ-2电子战系统和4座Mk 137干扰发射装置等。

"金刚"级驱逐舰上层建筑特写

重要事件

在2001年阿富汗战争以及2003年伊拉克战争期间,日本海上自卫队都曾派遣"金刚"级驱逐舰在战区外围海域对敌方空域实施监控,并将战术信息通过数据链传给美军作战单位,发挥了间接的协助功能。

十秒速识

"金刚"级驱逐舰在设计上与美国"阿利·伯克"级驱逐舰Ⅰ构型基本相同,但舰桥结构更为庞大,取消了后者的轻型十字桅杆,改用日本海上自卫队传统的重型四角格子桅杆。

日本"高波"级驱逐舰

"高波"级驱逐舰(Takanami Class Destroyer)是日本海上自卫队装备的多用途驱逐舰,以反潜任务为主,防空则仅限于短程点防御。该级舰一共建造了5艘,从2003年服役至今。

研发历史

除了配备"宙斯盾"系统的"金刚"级驱逐舰之外,以舰队通用任务为主的"高波"级驱逐舰是日本海上自卫队在21世纪初建造的另一种重要舰艇。"高波"级驱逐舰装有与"金刚"级导弹驱逐舰相同

基本参数	
满载排水量	6300 吨
全长	151 米
全宽	17.4 米
吃水	5.3 米
最高航速	30 节
最大航程	6000 海里
舰员人数	175 人

的奥托·梅莱拉127毫米舰炮和Mk 41导弹垂直发射系统,加上改良的火控系统和新型声呐,作战能力较前代"村雨"级驱逐舰有较大提升。

"高波"级驱逐舰原计划建造11艘,随着日本财政状况逐渐走下坡,海上自卫队未能争取到足够的预算,最后只订购了5艘"高波"级驱逐舰。首舰于2000年4月开工建造,2001年7月下水并命名为"高波"号(DD-110),2003年开始服役。其他各舰分别为"大波"号(DD-111)、"卷波"号(DD-112)、"涟波"号(DD-113)、"凉波"号(DD-114)。

"高波"级驱逐舰(后)与"阿利·伯克"驱逐舰(前)

高速航行的"高波"级驱逐舰

舰体构造

"高波"级驱逐舰的整体设计沿袭"村雨"级驱逐舰,因此整体布局及大部分装备都与"村雨"级驱逐舰相同,但改进之处也不少。"高波"级驱逐舰的前甲板的导弹垂直发射系统单元数增加了一倍,因此舰体内的主要横隔舱壁也改动了位置。全舰重新划分了水密区域,并将"村雨"级驱逐舰在舰体内的飞行员休息室移至原来 Mk 48 导弹垂直发射系统的位置。

主要武器

"高波"级驱逐舰的主要武器包括：4 座八联装 Mk 41 导弹垂直发射系统，可发射防空、反潜和巡航导弹；2 座四联装反舰导弹发射系统，可发射"鱼叉"或日本国产 SSM-1B 反舰导弹；1 门单管 127 毫米"奥托"舰炮；2 座"密集阵"近程防御武器系统；2 座三联装 HOS-302 反潜鱼雷发射管。此外，"高波"级驱逐舰可搭载 1 架 SH-60J 反潜直升机。

"高波"级驱逐舰侧后方视角

电子设备

"高波"级驱逐舰仍沿用"村雨"级驱逐舰的 OYQ-9 作战系统，不过整合了日本海上自卫队在 1996 年开始建构的"海幕"卫星资料传输/指挥系统，舰上的海上指挥管制系统通过卫星传输（舰上配套的卫星通信天线为 Superbird B2），链接海幕系统的指挥终端机（Command and Control Terminal，C2T），通过海幕系统可再往上链接日本海上自卫队的高层指挥部（例如海上幕僚监部），甚至直接与日本首相官邸联系。从"涟波"号起，"高波"级驱逐舰以内建强大运算能力的美制 UYQ-70 先进彩色显控系统，取代原本 UYQ-9 系统中的 UYK-43 电脑及 UYQ-21 显控台等纯军规系统。

"高波"级驱逐舰在浅水区域航行

重要事件

2009年3月14日,"高波"级驱逐舰四号舰"涟波"号和"村雨"级驱逐舰"五月雨"号首次赴亚丁湾海域执行打击索马里海盗、护航商船任务。

十秒速识

"高波"级驱逐舰的舰首平整,侧轮廓为曲线,方形舰尾几乎垂直;大型127毫米舰炮装于前甲板中部,与"村雨"级驱逐舰低矮圆滑的76毫米舰炮区别明显;防空导弹垂直发射装置位于前舰炮后方,近程防御系统位于舰桥前方的上升平台。

日本"爱宕"级驱逐舰

"爱宕"级驱逐舰（Atago Class Destroyer）是日本设计建造的重型防空导弹驱逐舰，也是日本海上自卫队现役最新型的"宙斯盾"驱逐舰。

研发历史

20世纪90年代末期，日本对海上自卫队提出了海上弹道导弹防御的需求。此外，设计于20世纪70年代的3艘"太刀风"级驱逐舰性能逐渐落伍，难以满足舰队防空作战要求。因此，日本决定在现

基本参数	
满载排水量	10000吨
全长	165米
全宽	21米
吃水	6.2米
最高航速	30节
舰员人数	300人

役"金刚"级驱逐舰的基础上发展一型拥有强大区域防空能力和一定拦截弹道导弹能力的新型"宙斯盾"驱逐舰。2000年12月，日本防卫厅发表的《新中期防卫力量整备计划》中正式批准建造2艘新型"宙斯盾"驱逐舰，即"爱宕"级驱逐舰。该级舰一共建造了2艘，首舰"爱宕"号（DDG-177）于2004年4月5日开工，2007年3月15日服役。二号舰"足柄"号（DDG-178）于2005年4月6日开工，2008年3月13日服役。

第 3 章 驱逐舰

"爱宕"级驱逐舰侧后方视角

舰体构造

"爱宕"级驱逐舰在"金刚"级驱逐舰的基础上将舰体拉长了 4 米,并增加了附有机库的尾楼结构,这使它成为日本海上自卫队第一种具备完整直升机驻舰能力的防空驱逐舰。该级舰的舰型有利于增加内部空间,利于舰的内部总体布置,并可以大大减轻舰体的横摇和纵摇,增强舰艇在高速航行时的稳定性,从而使军舰具有更好的适航性、稳定性和机动性。为了增强防护和生存力,舰身和上层建筑全部采用钢制结构,重要系统均经过抗冲击加固,特别是暴露在主舰体之外的战斗部位,都使用了高碳镍铬钼钢,具有很强的抗冲击性。

主要武器

"爱宕"级驱逐舰的主要武器包括：2座Mk 41导弹垂直发射系统、2座"密集阵"近程防御系统、2座三联装324毫米HOS-302型旋转式鱼雷发射管、2座四联装90式反舰导弹发射装置、1门采用隐身设计的Mk 45 Mod 4型127毫米全自动舰炮、4挺12.7毫米机枪以及4座六管130毫米Mk 36型箔条诱饵发射装置。"爱宕"级驱逐舰在舰尾增设了直升机库，搭载1架SH-60K反潜直升机，并在机库内设有防空导弹和反潜武器库，比"金刚"级驱逐舰在直升机的运用上更具有灵活性。

"爱宕"级驱逐舰侧前方视角

电子设备

"爱宕"级驱逐舰的主要对海探测设备为桅杆前方的OPS-28D型G/H波段对海搜索雷达，最大探测距离100千米。火控雷达包括1部日本国产FCS-2-21A（MK-2-21A）火控雷达（用于控制127毫米炮，并可用于控制"密集阵"近防系统射击水面目标）和3部美制AN/SPG-62火控雷达（为"标准"Ⅱ导弹提供末端照射）。"爱宕"级驱逐舰的主要电子战系统为NOLQ-2综合电子战系统，除具有电子侦察功能外，还具有转发式干扰、应答式假目标干扰、噪声干扰和箔条干扰功能,能够实施有源干扰和无源干扰,因此具有完善的电子侦察和电子对抗能力。

"爱宕"级驱逐舰的导航设备包括桅杆顶端的 ORN-6C"塔康"战术无线电导航系统和桅杆中部前端的 OPS-20 导航雷达以及 GPS 导航系统等。该级舰的数据链系统沿用了"金刚"级驱逐舰的 NTDS 海军战术数据系统,并拥有美国及其盟国海军通用的 11 号、14 号、16 号战术数据链,以便于与美国海军实现信息共享和协同作战。

"爱宕"级驱逐舰参加军事演习

重要事件

2008 年 2 月 19 日凌晨,刚结束一次远航测试(包含在夏威夷进行实弹射击)任务的"爱宕"号驱逐舰在返回横须贺港的途中,于千叶县南方的近海不慎撞沉一艘小型渔船,造成船上两名渔民失踪。

高速航行的"爱宕"级驱逐舰

十秒速识

"爱宕"级驱逐舰采用了流行的长艏楼高平甲板、小长宽比、高干舷、方尾设计,舰首高大尖瘦,前倾明显,舰体横向剖面为深V形,舰体宽大且明显外飘。

"爱宕"级驱逐舰返回母港

日本"秋月"级驱逐舰

"秋月"级驱逐舰（Akizuki Class Destroyer）是日本于21世纪初设计建造的多用途驱逐舰，也是日本海上自卫队最新的驱逐舰级，装有日本国产FCS-3A有源相控阵雷达，对掠海反舰导弹的末端拦截处理能力在一定程度上要优于美制"宙斯盾"系统的AN/SPY-1相控阵雷达。

研发历史

20世纪90年代起，日本海上自卫队陆续以"村雨"级和后续的"高波"级驱逐舰，取代20世纪80年代服役的"初雪"级和"朝雾"级驱逐舰。海上自卫队原本打算建造9艘"村雨"级与11艘"高波"级，1:1全面替换"初雪"级与"朝雾"级，但由于预算有限，最后只建造了9艘"村雨"级与5艘"高波"级。为了填补这一空缺，海上自卫队又建造了2艘"爱宕"级驱逐舰和4艘"秋月"级驱逐舰。

"秋月"级驱逐舰的首舰"秋月"号（DD-115）于2012年3月开始服役，二号舰"照月"号（DD-116）于2013年3月开始服役，三号舰"凉月"号（DD-117）和四号舰"冬月"号（DD-118）均于2014年3月开始服役。

基本参数	
满载排水量	6800吨
全长	150.5米
全宽	18.3米
吃水	5.3米
最高航速	30节
舰员人数	200人

舰体构造

由于"秋月"级驱逐舰装备了FCS-3A多功能雷达,并且采用隐身桅杆,外形较以往的驱逐舰有较大改观,但舰体本身是在"高波"级的基础上设计的,基本上沿用了"高波"级的配置,并没有大的变化。舰体长度与"高波"级相同,但舰体宽度有所增加。

由于加装雷达天线,"秋月"级的上层建筑比"高波"级高出一层,舰桥结构也有所增大。为减小风压侧面积,将舰桥缩短了2米。为了降低雷达反射面积,采用了"爱宕"级的舰楼设计,机库面积比"高波"级更大,机库门尺寸也相应扩大,足可以容纳一架MCH-101扫雷/运输直升机。舷梯和三联装鱼雷发射装置全部隐蔽在舷侧内,并设计了遮蔽舷门。

第 3 章 驱逐舰

主要武器

"秋月"级驱逐舰大幅提升了防空能力,除了以往多用途驱逐舰的自保能力外,还可攻击横越舰队的空中目标,可将防空掩护范围扩大到整个护卫群,甚至支援正在对付弹道导弹的"宙斯盾"舰。"秋月"级驱逐舰的主要武器包括:1 门 127 毫米 Mk 45 舰炮,2 座四联装 90 式反舰导弹发射装置,4 座八联装 Mk 41 垂直发射系统(发射"海麻雀"防空导弹和"阿斯洛克"反潜导弹),2 座三联装 97 式 324 毫米鱼雷发射管(发射 Mk 46 鱼雷或 97 式鱼雷),2 座"密集阵"近程防御武器系统,4 座六管 Mk 36 SBROC 干扰箔条发射装置。此外,该级舰还可搭载 2 架 SH-60K 反潜直升机。

"秋月"级驱逐舰的舰载武器特写

电子设备

"秋月"级舰桥的前、后部结构的外墙分别装有 2 组 FCS-3A 多功能雷达天线,具备同时搜索、跟踪多个目标,并引导舰空导弹的功能。塔形桅杆上装有多种传感器和通信天线,桅杆中部平台上有导航雷达(OPS-20C),下面的白色天线罩内是 QQR-1C-2 直升机数据链天线,OPS-20C 由主、辅两套天线构成,中部平台上的为主天线,右下方的为辅助天线,可进行 360 度搜索。

"秋月"级驱逐舰上层建筑特写

重要事件

"秋月"级驱逐舰前三艘都由三菱长崎厂建造,四号舰则由三井重工玉野厂建造。这四艘舰的服役进度都比最初的预估延后了一年。

第 3 章　驱逐舰

十秒速识

"秋月"级的舰面与舰内空间整体布局延续自"高波"级,优化了舰体低雷达截面积性能,上部构造外观予以简洁化,增加封闭性,舰首底部以及机库都增宽至与船舷融合,并将原本"高波"级的格子桅改成类似"爱宕"级的轻型多角形桅杆。

韩国"广开土大王"级驱逐舰

"广开土大王"级驱逐舰(Gwanggaeto the Great Class Destroyer)是韩国自行设计建造的第一种驱逐舰,创下了韩国造舰史上的多项第一:自行设计的第一种300吨级以上的主战舰艇、第一种能搭载舰载直升机的舰艇、第一种装备垂直发射系统的自制舰艇。

研发历史

1986年,韩国开始了新型驱逐舰的设计,代号为KDX-1,计划建造12艘,实际建成3艘。1994年首舰铺设龙骨,1996年10月下水并被命名为"广开土大王"号(DDH-971),1998年7月24日装备韩国海军。二号舰"乙支文德"

基本参数	
满载排水量	3900吨
全长	135.4米
全宽	14.2米
吃水	4.2米
最高航速	30节
最大航程	4000海里
舰员人数	170人

号（DDH-972）和三号舰"杨万春"号（DDH-973）相继在 1996 年和 1998 年动工建造。截至 2017 年，"广开土大王"级驱逐舰仍然全部在役。

舰体构造

"广开土大王"级驱逐舰大量采用了欧洲与美国船舰使用的科技与装备，其中又以欧洲装备居多。动力系统方面，采用现代西方舰船常见的复合燃气涡轮与柴油机（CODOG）系统。舰体设计方面，拥有核生化防护能力，但是舰体造型并未大量考虑雷达隐身设计。

主要武器

"广开土大王"级驱逐舰装有 1 座十六联装 RIM-7M "海麻雀"防空导弹垂直发射装置（Mk 48 型）、2 座四联装 RGM-84D "鱼叉"反舰导弹发射装置、1 座单管 127 毫米"奥托"舰炮、2 座七管 30 毫米"守门员"近程防御武器系统、2 座三联装 324 毫米 Mk 32 鱼雷发射管。该级舰设有机库，可搭载 1～2 架反潜直升机。

"广开土大王"级驱逐舰的舰炮特写

"广开土大王"级驱逐舰的"海麻雀"防空导弹垂直发射装置

电子设备

"广开土大王"级驱逐舰的电子设备主要包括 1 部 AN/SPS-49(V) 5 C/D 波段对空搜索雷达、1 部 SPS-95K 导航雷达、1 部 AN/UPX-27 敌我识别系统、1 部 MW 08 G 波段水面搜索雷达、2 部 STIR180 I/K 波段武器控制雷达、DSQS-21BZ 舰壳声呐、AR700/APECS Ⅱ 电子战系统、SWG-1A(v)"鱼叉"导弹和 MK 91Mod3"海麻雀"导弹武器控制系统、AN/SLQ-25"水精"鱼雷诱饵等。

"广开土大王"级驱逐舰的烟囱和雷达天线特写

重要事件

"广开土大王"级驱逐舰原计划建造 12 艘,用以更换美援驱逐舰("忠北"级驱逐舰 7 艘,"大邱"级驱逐舰 2 艘,"忠武"级驱逐舰 3 艘),但是建造后韩国海军发现该级舰设计不良,远洋航行的稳定性不佳,且舰型设计升级容余不足,最后只建造 3 艘便停产。

"广开土大王"级驱逐舰参加军事演习

十秒速识

"广开土大王"级驱逐舰拥有高大的舰首,贯通式主甲板由舰首延伸至舰尾;上层建筑舰桥侧面为平板式设计,装有金字塔形桅杆和对海搜索雷达与导航雷达。上层建筑舰桥与烟囱之间有宽大整洁的隔断结构,低矮略倾的方形烟囱位于舰体中部后方。直升机起降甲板位于开放式后甲板上。

CH-46直升机在"广开土大王"级驱逐舰甲板上作业

韩国"忠武公李舜臣"级驱逐舰

"忠武公李舜臣"级驱逐舰(Chungmugong Yi Sun-sin Class Destroyer)是韩国海军自行设计建造的第二种驱逐舰,一共建造了6艘,从2003年服役至今。

研发历史

"忠武公李舜臣"级驱逐舰是韩国在"韩国驱逐舰实验"(Korean Destroyer Experimental,KDX)计划第二阶段研制的驱逐舰,相较于"广开土大王"级驱逐舰,"忠武公李舜臣"级驱逐舰除了尺寸

基本参数	
满载排水量	5500 吨
全长	150 米
全宽	17.4 米
吃水	5 米
最高航速	29 节
最大航程	4000 海里
舰员人数	300 人

更大之外,最大的不同在于它拥有区域防空导弹系统,以舰队防空为主要任务。此外,"忠武公李舜臣"级驱逐舰的技术与装备也较"广开土大王"级驱逐舰更为先进。

"忠武公李舜臣"级驱逐舰一共建造了6艘,分别是"忠武公李舜臣"号(DDH-975)、"文武大王"号(DDH-976)、"大祚荣"号(DDH-977)、"王建"号(DDH-978)、"姜邯赞"号(DDH-979)、"崔莹"号(DDH-981)。其中,"忠武公李舜臣"号于2003年11月开始服役,

"崔莹"号于 2008 年 9 月 4 日开始服役。

舰体构造

"忠武公李舜臣"级驱逐舰的上层结构封闭性较"广开土大王"级驱逐舰更强,是抗战损与抗核生化能力强的堡垒型,舰内空间充裕而宽敞。不过为了减轻重量,"忠武公李舜臣"级驱逐舰的上层结构仍采用已被现代化舰艇逐渐舍弃的铝合金材料。动力系统方面,"忠武公李舜臣"级驱逐舰仍沿用与"广开土大王"级驱逐舰一样的复合燃气涡轮与柴油机(CODOG),主机也与后者相同。

第 3 章　驱逐舰

主要武器

"忠武公李舜臣"级驱逐舰的武器配置较为全面，前甲板装备 1 门 127 毫米舰炮和 4 座八联装 Mk 41 垂直发射系统（可装"标准"系列防空导弹），中部装备"鱼叉"反舰导弹和鱼雷发射管，并配有荷兰"守门员"近程防御武器系统和"拉姆"近程防空导弹，还可搭载 1～2 架"山猫"反潜直升机。从四号舰"王建"号开始使用了"美韩联合"的模式，前甲板左侧装备 4 座八联装美制 Mk 41 导弹垂直发射系统，而右侧装备 1 座八联装韩国国产的导弹垂直发射系统。

"忠武公李舜臣"级驱逐舰的"鱼叉"反舰导弹发射装置

电子设备

"忠武公李舜臣"级驱逐舰的主要对空搜索雷达与"广开土大王"级驱逐舰大致相同,包括AN/SPS-49(V)5型2D长程对空搜索雷达与MW-08型3D对空/平面搜索雷达,但射控雷达则换成功率更高、天线尺寸更大的STIR 240雷达,以配合射程较长的"标准"Ⅱ导弹。舰上的作战系统为英国宇航系统公司与三星合作开发的KDcom-2系统,基本上是"广开土大王"级驱逐舰的KDcom-1系统的扩充版。为了配合"标准"Ⅱ导弹的终端照明工作,"忠武公李舜臣"级驱逐舰的STIR 240雷达整合了美国雷松提供的OT-134控制系统。

"忠武公李舜臣"级驱逐舰上层建筑顶部的雷达设备

重要事件

2009年3月13日,"文武大王"号驱逐舰从韩国镇海军港出发前往索马里,舰上额外搭载30名韩国海军特种部队士兵,携带1架"超级大山猫"直升机以及1艘RHIB突击艇,以执行各种护航、临检与救援任务。

"忠武公李舜臣"级驱逐舰参加军事演习

十秒速识

"忠武公李舜臣"级驱逐舰的舰首宽大，隔断式前甲板安装有127毫米舰炮，贯通式主甲板由舰首延伸至舰尾。上层建筑舰桥侧面为平板式设计，装有金字塔形桅杆和对海搜索雷达。上层建筑舰桥与烟囱之间有宽大整洁的隔断结构。直升机起降甲板位于舰尾，"鱼叉"导弹发射装置位于后上层建筑舰桥与烟囱间。

韩国"世宗大王"级驱逐舰

"世宗大王"级驱逐舰（Sejong the Great Class Destroyer）是韩国自行设计建造的第三种驱逐舰，配备了"宙斯盾"系统，韩国也因此成为继美国、日本、澳大利亚、西班牙、挪威之后，世界上第六个拥有"宙斯盾"战舰的国家。

研发历史

"世宗大王"级驱逐舰是韩国"韩国驱逐舰实验"计划第三阶段研制的新型驱逐舰，由现代重工集团和大宇集团建造。该级舰安装了"宙斯盾"作战系统，整合了AN/SPY-1D相控阵雷达，具备较强的防空作战能力。

基本参数	
满载排水量	7200 吨
全长	165.9 米
全宽	21 米
吃水	6.25 米
最高航速	30 节
最大航程	5500 海里
舰员人数	400 人

"世宗大王"级驱逐舰首批建造了3艘，首舰"世宗大王"号（DDG-991）于2008年12月服役，二号舰"栗谷李珥"号（DDG-992）于2010年8月服役，三号舰"西厓柳成龙"号（DDG-993）于2012年8月服役。2013年，韩国国会决定增建3艘"世宗大王"级驱逐舰。截至2017年5月，"世宗大王"级驱逐舰有3艘在役。

舰体构造

"世宗大王"级驱逐舰的基本构型大致沿用自美国"阿利·伯克"级驱逐舰ⅡA构型,两者外观极为相似。不过,由于不需要大量建造和定位比较高端,"世宗大王"级驱逐舰不用严格控制成本,在设计上允许更大的舰体与更多的装备。

"世宗大王"级驱逐舰比较注重隐身性能,采用长艏楼高平甲板、高干舷、方尾、大飞剪形舰首、小长宽比设计,舰体后部设有双直升机机库。舰首的舷墙和防浪板延伸到主炮后面的垂直发射装置。舰首呈前倾,横向剖面为深V形,舰体较宽并外飘,边角采用圆弧过渡。为降低雷达反射信号强度,"世宗大王"级驱逐舰的上层建筑侧壁呈一定角度(7~10度)内倾。

主要武器

"世宗大王"级驱逐舰装有1门Mk 45 Mod 4型127毫米舰炮、1座"拉姆"近程防空导弹系统、1座"守门员"近程防御武器系统、10座八联装Mk 41垂直发射系统、6座八联装K-VLS垂直发射系统、4座四联装SSM-700K"海星"反舰导弹发射装置、2座三联装324毫米"青鲨"鱼雷发射管。此外,该级舰还可搭载2架"超山猫"反潜直升机。

电子设备

"世宗大王"级驱逐舰装有SPY-11D相控阵雷达和SPS-95K导航雷达,电子战设备为SLQ-200(V)5K综合电子战系统,其中包括4~6座MK-2干扰弹发射装置,可对来袭导弹进行干扰。此外,还可收放SLQ-261K型拖曳式鱼雷诱饵。该级舰的电子设备还有利顿公司的KNDS Link-11/16号海军战术资料链和美制CEC"协同作战系统"等。

美国海军军官参观"世宗大王"级驱逐舰的指挥中心

重要事件

2007年4月21日,韩国军方公布首艘"世宗大王"级驱逐舰将以朝鲜王朝的第四位国王——1418—1450年在位的世宗大王来命名,也就是回归前两代驱逐舰使用韩国古代君王、将领命名的规则。世宗大王是朝鲜王朝著名的君主,他最大的事迹是制定了朝鲜文字母表,从此创立了朝鲜半岛的文字体系。

"世宗大王"级驱逐舰参加军事演习

十秒速识

"世宗大王"级驱逐舰的舰体设计成流线型,上层建筑为倒V字形,舰桥和直升机库宽度均扩展为整个主甲板宽,舷墙与上层建筑整合度高,整个线条平滑流畅,舰面相对简洁。

印度"加尔各答"级驱逐舰

"加尔各答"级驱逐舰（Kolkata Class Destroyer）是印度海军于21世纪初开始建造的驱逐舰，共建造了3艘。

研发历史

继"德里"级驱逐舰之后，印度在1996年展开后续的 Project 15A 驱逐舰计划，由马扎冈船坞公司负责研发，基本上是"德里"级驱逐舰的改良版。最初 Project 15A 命名为"班加罗尔"级，后来则改称为"加尔各答"级。

基本参数	
满载排水量	7000 吨
全长	163 米
全宽	17.4 米
吃水	6.5 米
最高航速	32 节
最大航程	5000 海里
舰员人数	360 人

与许多印度国产装备一样，"加尔各答"级驱逐舰从设计到服役历时20年之久。首舰"加尔各答"号（D63）于2003年3月12日开工，建造期间又经历大量修改设计，直到2014年8月才开始服役。二号舰"柯枝"号（D64）于2015年9月开始服役，三号舰"金奈"号（D65）于2016年11月开始服役。

第 3 章　驱逐舰

舰体构造

"加尔各答"级驱逐舰基本上是印度海军前一代"德里"级驱逐舰的改良版,主要改进项目是强化舰体隐身设计以及武器装备,满载排水量也增至 7000 吨。舰体布局沿用"德里"级驱逐舰的基本设计,舰体采用折线过渡,舰首武器区布置与"德里"级驱逐舰相同。不过,"加尔各答"级驱逐舰的舰体设计相比于"德里"级驱逐舰简练许多,没有了"德里"级驱逐舰复杂的上层结构与各式电子装备天线。

主要武器

"加尔各答"级驱逐舰采用当今世界流行的相控阵雷达搭配导弹垂直发射系统组成的高性能防空作战系统设计,其舰载武器主要包括:4座八联装防空导弹垂直发射系统(装填48枚"巴拉克"8防空导弹),2座八联装 3S14E 垂直发射系统(装填16枚"布拉莫斯"超音速反舰导弹),2座十二联装 RBU-6000 反潜火箭发射器,2座四联装533毫米鱼雷发射管,4门六管30毫米 AK-630 机炮。此外,还能搭载2架卡-28PL 或 HAL 反潜直升机。

"加尔各答"级驱逐舰前甲板上的武器

电子设备

"加尔各答"级驱逐舰配备了先进的整合平台管理系统(Integrated Platform Management System,IPMS),该系统由加拿大 CAE 公司提供,舰上乘员只需透过位于舰桥与控制室的显控台,便可自动操作航行、推进、发电、辅助机械与损害管制等机能。该级舰的作战中枢是印度国防部直营的巴拉特电子有限公司开发的模块化电子指挥/管制应用系统(Electronic Modular Command & Control Applications,EMCCA),透过异步传输机制(ATM)的舰内高速区域网络,与舰上所有侦测、武器、通信系统整合。

重要事件

"加尔各答"级驱逐舰搭载的"巴拉克"8防空导弹在 2015 年年初才完成配套。2015 年 12 月 29 日,首舰"加尔各答"号完成首次防空导弹试射。

十秒速识

"加尔各答"级驱逐舰的舰炮、防空导弹和反潜火箭深弹三个武器区三段阶梯式排列在舰首。主桅杆与舰桥融合在一起,后方分别是第一排烟道,横向补给桁、后桅杆、第二排烟道以及尾楼,第一排烟道两侧挂有两艘硬式突击艇。

第 4 章 护卫舰

在现代海军编队中，护卫舰是在吨位和火力上仅次于驱逐舰的水面作战舰只，但由于其吨位较小，远洋作战能力要逊于驱逐舰。在大国海军中，驱逐舰和护卫舰是一种高低搭配的作战方式，前者是舰队的主力，承担主要的防空和反潜任务，后者则作为前者的补充，承担次要作战任务。

美国"佩里"级护卫舰

"佩里"级护卫舰(Perry Class Frigate)是美国于20世纪70年代研制的导弹护卫舰,尽管它的作战性能不如某些高性能舰艇,但因其价格适中而获得大批量建造,不仅大量服役于美国海军,其他国家也通过授权建造或购买退役舰只的方式获得了一定数量的"佩里"级护卫舰。

研发历史

20世纪70年代,由于美国海军装备的各类战斗舰艇老化严重,急需一大批新舰来替换。因此,美国海军开始进行新舰制造计划,并实行"高低档舰艇结合"的造舰政策。在大量建造高档舰艇的同时,也建造了一些注重性价比的中小型军舰,"佩里"级护卫舰就是其中之一。

基本参数	
满载排水量	4200 吨
全长	136 米
全宽	14 米
吃水	6.7 米
最高航速	29 节
最大航程	4500 海里
舰员人数	176 人

"佩里"级护卫舰在1975—2004年共建造了71艘,其中美国海军装备了51艘,澳大利亚和西班牙等国海军共装备了20艘。在美国海军服役的"佩里"级护卫舰参与了美国近几十年来大多数重要军事行动,具有丰富的实战经验。截至2017年5月,美国海军装备的"佩里"级护卫舰已经全部退役,部分退役舰只被出售给土耳其、波兰、巴基斯坦、埃及、泰国和墨西哥等国。

第 4 章 护卫舰

舰体构造

"佩里"级护卫舰的上层建筑比较庞大，四周只设有少量水密门，形成一个封闭的整体，以便为舰员和设备提供更多的空间，有利于改善居住条件和增强适航性。与同时期各国水面舰艇相同，"佩里"级护卫舰的上层结构由铝合金制造。虽然这种材料拥有重量轻、延展性好的优点，但却有着燃点低的致命缺陷。除了耐火性差之外，这类采用钢质舰体与铝合金上层结构的舰艇在长年操作使用后，结构强度方面容易出现问题。

主要武器

"佩里"级护卫舰具备点防空能力，还搭载了2架反潜直升机与拖曳阵列声呐一起肩负着反潜作战、保护两栖部队登陆、护送舰队等任务。该级舰的主要武器包括：1座单臂Mk 13导弹发射装置，发射"标准"导弹用于防空，或"鱼叉"导弹用于反舰；1座单管Mk 75-0型76毫米舰炮，用于中近程防空、反舰；2座"密集阵"近程防御武器系统，用于近程防空；2座六管Mk 36"萨布洛克"干扰火箭；2座三联装Mk 32鱼雷发射管，发射Mk 46-5或Mk 50鱼雷用于反潜；1套SQ-25"水精"鱼雷诱饵，用于反潜。

"佩里"级护卫舰的Mk 75-0型76毫米舰炮正在开火

电子设备

"佩里"级护卫舰配装有 1 部 AN/SPS-49(V) 长程 2D 对空搜索雷达和 1 部 AN/SPS-55 平面搜索雷达。作战系统是"小型战术资料系统"(Junior Tactical Data System,JTDS),这是美国海军第一代舰载作战系统——"海军战术资料系统"(Nava Tatical Data System,NTDS)的简化版,以两部 UYK-7 主计算机(一部整合于 Mk 92 火控系统负责处理目标追踪,一部用于火控管制)为核心。"佩里"级护卫舰配备了 AN/SQS-56 舰首声呐以及 AN/SQR-18(V)2/19 拖曳阵列声呐(FFG-36 以后的部分舰只)。

"佩里"级护卫舰编队航行

重要事件

在 1988 年 4 月 14 日两伊战争末期,"佩里"级护卫舰"罗伯斯"号(USS Roberts FFG-58)在波斯湾进行护航作业时,发现伊朗布放的 M-08 水雷阵。在排雷作业中,"罗伯斯"号护卫舰误触 M-08 水雷,舰体水线以下 5 米处被炸出一个长 8 米的大洞。经过 7 个小时的灭火与堵漏之后,"罗伯斯"号护卫舰的人员才控制住了灾情。

"佩里"级护卫舰(下)与补给油船并排航行

十秒速识

"佩里"级护卫舰前甲板前端两侧舰首升高,平板式箱形上层建筑由前甲板延伸到飞行甲板处,容易识别的火控雷达整流罩位于舰桥顶部,框架式前桅位于其后,顶部安装有大型曲面式AN/SPS-49(V)对空搜索雷达天线。大型框架式主桅位于舰体中部前方。低矮的单烟囱面朝上层建筑后缘,上层建筑后缘与舰体侧面融合。

俄罗斯"不惧"级护卫舰

"不惧"级护卫舰（Neustrashimy Class Frigate）是苏联于20世纪80年代中期开始建造的护卫舰，作为一种全能型舰队护卫舰，该级舰不仅拥有强大的反潜能力，也有足够的对空监视与防空自卫作战能力。

研发历史

受地理条件的限制，苏联各舰队被彼此分割，互相支援还必须远涉重洋，因此苏联海军舰艇呈现两极分化的格局，一种是较大的主力舰艇，用于远洋机动作战，一种就是轻型舰艇，用于近海防御，这种兵力配置的优点是可以集中相对有限的资源在远洋作战舰艇上面，但缺点就是作战能力的灵活性欠佳，尤其是一些中低强度的作战场合及局部战争中，就会出现动用大型舰艇效费比过低，而动用轻型舰艇又出现有心无力的感觉。因此，苏联从20世纪80年代起逐渐加大了护卫舰吨位，"不惧"级护卫舰就是在这种背景下的产物。

"不惧"级护卫舰的设计目的是用来替换数量众多的"克里瓦克"级护卫舰，1986年开始建造。在苏联解体后，该级舰的建造计划受到了极大的影响，原定首批建造3艘的计划在完成首舰"不惧"号后就停止了后续舰的建造。1993年1月，"不惧"号（712）进入俄罗斯海军服役。俄罗斯经济状况好转后，1988年开工的二号舰"智者雅罗斯拉夫"号（727）

基本参数	
满载排水量	4400吨
全长	129米
全宽	15.6米
吃水	5.6米
最高航速	30节
最大航程	3000海里
舰员人数	210人

才得以继续建造,并于 2009 年开始服役。

舰体构造

"不惧"级护卫舰采用长甲板构型,体型比"克里瓦克"级护卫舰更大,以提高适航性以及燃油、武器装载量。上层结构采用倾斜式表面,可减少雷达散射截面。烟囱内设有高效的强制冷却装置,其可将排出的废气温度降低 40%,从而在很大程度上减少了红外辐射量。"不惧"级护卫舰采用复合燃气涡轮与燃气涡轮(COGAG),包括 2 台功率较大的乌克兰制 M-90 高速用涡轮以及 2 台功率较小的乌克兰制 M-70 巡航用涡轮。该级舰拥有洒水系统,不仅能用来冷却舰体、降低红外线特征,在核生化环境下还能冲洗舰体。

主要武器

"不惧"级护卫舰拥有强大的舰载武备,舰首设有1门单管100毫米 AK-100舰炮,射速达50发/分,射程为20千米,弹药库内备弹350发。此外,在舰体中段装有4座四联装SS-N-25"弹簧刀"反舰导弹发射装置。防空方面,该级舰设有4座八联装3S-95转轮式垂直发射系统,装填32枚SA-N-9"铁手套"短程防空导弹。"不惧"级护卫舰还装备了2座"卡什坦"近程防御武器系统,分别设于机库两侧。

"不惧"级护卫舰的100毫米AK-100舰炮

"不惧"级护卫舰的SS-N-25"弹簧刀"反舰导弹发射装置

电子设备

"不惧"级护卫舰的电子系统是当时苏联海军的新式装备,其中有不少是"基洛夫"级巡洋舰、"无畏"级驱逐舰等大型舰艇采用的系统,例如主桅顶端的"顶板"3D 对空搜索雷达。声呐方面,该级舰拥有一套 Zvezda-1 声呐系统,包括 MGK-345 Bronza 低频舰首声呐以及 OxTail 低频变深声呐。"不惧"级护卫舰的防空火控系统将舰上所有的侦测、预警系统及防空武器整合在一起运作,能以不同的防空武器同时迎战四个目标。

"不惧"级护卫舰的雷达天线特写

重要事件

"不惧"级护卫舰的三号舰"吐曼"号于 1990 年开工,苏联解体后一直处于停工状态,截至 2017 年 5 月仍没有重启建造工作的消息。

第 4 章 护卫舰

十秒速识

"不惧"级护卫舰的前甲板轮廓修长简洁，略向下倾。前上层建筑后缘有短小的前桅，其上安装有"十字剑"火控雷达天线。该级舰采用双烟囱配置，前者位于前上层建筑后方，后者位于主桅后方。大型金字塔式主桅位于舰体中部后方，醒目的"顶板"对空搜索雷达天线位于顶部。

港口中的"不惧"级护卫舰

俄罗斯"守护"级护卫舰

"守护"级护卫舰（Steregushchiy Class Corvette）是俄罗斯海军正在建造的轻型多用途导弹护卫舰，计划建造12艘，首舰于2007年开始服役。

研发历史

20世纪90年代以来，俄罗斯已经没有全新的大型舰艇提案，就连维持苏联时代建造的一些大型远洋舰艇都捉襟见肘。直到21世纪初，俄罗斯才展开新一代护卫舰"守护"级的建造。该级舰计划建造12艘，截至2017年5月已有4艘开始服役，分别是"守护"号（550）、"机灵"号（531）、"敏捷"号（532）、"坚强"号（545）。此外，"完美"号（333）也计划在2017年内入役。

基本参数	
满载排水量	2200吨
全长	104.5米
全宽	11.6米
吃水	3.7米
最高航速	27节
最大航程	3800海里
舰员人数	90人

"守护"级护卫舰的前几艘采用了全柴油机推进，俄罗斯打算在后续建造的"守护"级护卫舰上使用复合燃气涡轮与柴油机动力系统。苏联解体后，原本负责生产水面舰艇燃气轮机的企业位于乌克兰境内，导致了俄罗斯海军舰艇的主机受制于乌克兰。为了解决这个问题，俄罗斯在圣彼得堡设立了船舰涡轮主机科研中心，并开始发展M-75系列燃气涡轮。

第 4 章 护卫舰

舰体构造

"守护"级护卫舰拥有与 21 世纪初期西方先进舰艇相似的雷达隐身外形,封闭式的上层结构简洁洗练并向内倾斜,并采用封闭式主桅杆,可有效降低雷达散射截面积。此外,"守护"级护卫舰在降低红外线信号方面也下了不少功夫。该级舰的舰体由钢材制造,上层建筑使用由玻璃纤维及碳纤维组成的难燃型多层夹芯复合材料,采用先进的整体式浇注工艺,整个上层建筑一体成型,不仅重量轻,还具有高强度、低雷达波反射,低红外、抗腐蚀等优势。

主要武器

　　"守护"级护卫舰安装有1门100毫米AK-190自动舰炮，1座"卡什坦"近程防御武器系统，2门30毫米AK-630舰炮。在反舰导弹方面，"守护"级护卫舰有3座四联装"鲁道特"导弹垂直发射系统，可以发射SS-N-25"弹簧刀"或SS-N-27"俱乐部"反舰导弹。该舰还有2座四联装330毫米鱼雷发射管，分置于两舷的舱门内。

　　"守护"级护卫舰的适航性较强，可以在5级海况下有效使用舰载武器，而俄罗斯其他同等排水量的水面舰艇只能在3级海况下进行这些操作。这一点对搭载直升机的舰艇尤为重要，因此"守护"级护卫舰也成为俄罗斯在类似吨位的舰艇中首次配备直升机机库和起降平台的舰只。该级舰的舰尾设有一个直升机机库与飞行甲板，能搭载1架Ka-27反潜直升机。

"守护"级护卫舰前甲板上安装的100毫米舰炮和"卡什坦"系统

电子设备

"守护"级护卫舰拥有1部设置在主桅杆顶部的Furke-E三维多功能搜索/追踪雷达、1部整合在封闭式主桅杆里面的3Ts-25E反舰导弹火控雷达、1部Ratep JSC 5P-10E Puma光电/雷达舰炮火控系统、2部SP-520-M2光电/雷达火控系统以及由乌拉尔光电工厂提供的光电火控系统。此外,还有3部Parol敌我识别器、Ruberoid通信系统等。Furke-E雷达是一种旋转式相控阵雷达,号称对雷达截面积0.1平方米的空中目标的侦测距离可达130千米,能同时追踪200个目标,并具备超地平线操作模式。

重要事件

21世纪初期,俄罗斯造船企业评估吨位在500~2000吨的中小型舰艇是舰艇市场上需求量最大的种类,因此各厂家纷纷推出不同的设计,而"守护"级护卫舰的出口版本被称为"虎"式护卫舰,在2005年的圣彼得堡国际海军展中首度展出。

停泊在港口中的"守护"级护卫舰

十秒速识

"守护"级护卫舰舰首的100毫米舰炮和"卡什坦"近程防御武器系统位于舰桥前,高大的金字塔形建筑位于舰桥后缘,顶部装有封闭式桅杆。四联装反舰导弹发射装置位于前上层建筑和低矮的烟囱之间。第二部"卡什坦"近程防御武器系统位于后上层建筑顶部。

"守护"级护卫舰侧后方视角

俄罗斯"戈尔什科夫"级护卫舰

"戈尔什科夫"级护卫舰(Gorshkov Class Frigate)是俄罗斯海军最新型的导弹护卫舰,也称为22350型护卫舰,由位于圣彼得堡的北方设计局设计,并交由北方造船厂建造。该级舰整合了俄罗斯现有的各种先进技术和装备,综合作战能力较为强大,不逊于其他欧洲国家在21世纪初期陆续服役的几种新型中型防空舰艇。

研发历史

2003年7月,俄罗斯海军正式公布22350型护卫舰项目,并交由位于圣彼得堡的北方设计局负责设计工作。俄罗斯海军对22350型护卫舰十分重视,因为这种舰艇是俄罗斯第一种在苏联解体后,从头设计、开工建造的主力水面作战舰艇。虽然俄罗斯海军在苏联解体后继续建造了若干大型舰艇,但完全是继续对苏联时代遗留的未成品进行施工。

俄罗斯海军计划建造8艘"戈尔什科夫"级护卫舰,首舰"戈尔什科夫"号于2006年2月在北方造船厂安放龙骨,2016年11月开始服役。二号舰"卡萨托诺夫"号于2009年11月开工建造,2014年12月下水,预计2017年开始服役;三号舰"戈洛夫科"号于2012年2月开工建造,预

基本参数	
满载排水量	4500吨
全长	135米
全宽	15米
吃水	4.5米
最高航速	29.5节
最大航程	4850海里
舰员人数	210人

计 2017 年下水；四号舰"伊萨科夫"号于 2013 年 11 月开工建造。

首舰"戈尔什科夫"号停泊在港口中

舰体构造

"戈尔什科夫"级护卫舰的舰体设计新颖简洁，隐身程度高。该级舰采用单烟囱设计，只配置一个大型的封闭式塔状桅杆。"戈尔什科夫"级护卫舰采用复合燃气涡轮与柴油发动机（CODAG）推进系统，主机组合包括 2 台 M90FR 燃气涡轮（由俄罗斯土星公司与乌克兰曙光机械设计研究所合作开发，单机功率 20226 千瓦）与 2 台巡航用的 10D49 柴油发动机（单机功率 3824 千瓦）。

第 4 章 护卫舰

干船坞中的"戈尔什科夫"级护卫舰

主要武器

"戈尔什科夫"级护卫舰的舰首有 1 门 A-192M 型 130 毫米舰炮，舰炮后方设有 4 座八联装 3K96 防空导弹垂直发射系统，可发射 9M96、9M96D 或 9M100 等多种防空导弹。防空导弹后方（高出一层甲板）是 2 座八联装 3R14 通用垂直发射系统，可发射 P-800 超音速反舰导弹、3M-54 亚/超双速反舰型导弹、3M-14 对陆攻击型导弹、91RT 超音速反潜型导弹等武器。

直升机库两侧各有 1 座"佩刀"近程防御武器系统，配备 2 门 AO-18KD 型 30 毫米机炮与 8 枚 9M340E 防空导弹，有效防御距离约 4 千米，有效防御高度约 3 千米。此外，该级舰还配有 2 座四联装 330 毫米鱼雷发射器，舰尾可搭载 1 架 Ka-27 反潜直升机。

电子设备

"戈尔什科夫"级护卫舰的桅杆上部整合有四面固定式相控阵雷达天线,这是俄罗斯最新开发的多功能防空相控阵雷达,采用C波段操作,最多能同时追踪400个空中目标与50个水面目标。除了相控阵雷达之外,主桅杆顶部还有1部采用平板状三维阵列天线的旋转雷达。舰桥顶部有1个大型球状天线罩,是具备超地平线侦测能力的主/被动反舰追踪与火控雷达。此外,封闭式主桅杆前部高度一半处,设有1部5P-10E整合光电/雷达火控系统,用来制导舰炮。

"戈尔什科夫"级护卫舰正后方视角

重要事件

"戈尔什科夫"级护卫舰的首舰最初计划在 2009 年完工,于 2010 年交付。但由于预算短缺,该舰的建造进度落后,直到 2010 年 10 月才下水。在 2012 年下旬,俄罗斯希望首舰能在 2013 年春季交付北方舰队,不过随后又推迟到 2015 年。之后,该舰又多次出现故障,如发动机着火、A-192 舰炮出现问题等,一再被迫推迟交付,直到 2016 年 11 月才正式服役。

十秒速识

为了减少雷达反射面积,"戈尔什科夫"级护卫舰甲板以上的结构采用全封闭设计,舰体设计避免大的平直表面,折角线以上舰体和上层建筑明显内倾,取消了传统意义上的桅杆,采用了金字塔形封闭式桅杆,其主桅杆顶部采用了类似于钻石那样的多面体结构,各个面均为倾斜设计,并且在各面相交处采用圆角过渡。

英国"公爵"级护卫舰

"公爵"级护卫舰(Duke Class Frigate)是英国于20世纪80年代研制的一款导弹护卫舰,也被称为23型护卫舰,共建造了16艘,从1987年服役至今。该级舰在设计阶段虽然被定位为廉价的反潜护卫舰,但是在设计阶段逐步扩充,演变成一种多功能舰艇,除了具备优异的反潜能力之外,防空能力也相当出色。

研发历史

"公爵"级护卫舰最初设计用于替代"利安德"级护卫舰,承担深海反潜任务。随着冷战的结束,并吸取了马岛战争的教训,英国海军要求"公爵"级护卫舰更多地承担支援联合远征作战、投送海上力量等任务,最终形成了一型反潜能力突出,并兼具防空、反舰和火力支

基本参数	
满载排水量	4900 吨
全长	133 米
全宽	16.1 米
吃水	7.3 米
最高航速	28 节
最大航程	7500 海里
舰员人数	205 人

援能力的护卫舰。该级舰共建造了 16 艘，截至 2017 年 5 月仍有 13 艘在英国海军服役，其他 3 艘在退役后被智利海军购买。

最初英国海军只打算让"公爵"级护卫舰服役 18 年，服役期间不进行任何大规模更新翻修，但由于"公爵"级护卫舰的后继者——26 型护卫舰一再推迟，故英国海军只好将"公爵"级护卫舰的役期延长为 22 年，并从 2005 年起陆续展开翻修与改良作业。英国海军剩下的 13 艘"公爵"级护卫舰预计要效力至 2020 年以后，才会由新一代舰艇接替，2036 年左右才能全数退役。

"公爵"级护卫舰侧后方视角

舰体构造

"公爵"级护卫舰生命力较强，消防和通风等方面的设计比较先进，全舰分为 5 个独立的消防区，使用燃烧时不产生有害气体的舾装材料，指挥室和操纵室等重要区域实施了多种防护。该级舰的隐身性能也比较出色，通过各种措施将噪声、雷达反射、红外信号等大幅降低。由于大量采用自动化装置，"公爵"级护卫舰所需的舰员人数大大减少，因此每名士兵都拥有充分的居住面积。

主要武器

"公爵"级护卫舰的主要武器包括：2座四联装"鱼叉"舰对舰导弹发射装置、1座三十二联装"海狼"防空导弹垂直发射装置、1门114毫米Mk 8舰炮、2门30毫米舰炮、2座双联装324毫米鱼雷发射管。

"海狼"防空导弹使用指挥至瞄准线（CLOS）方式导引，先由搜索雷达侦获目标位置,再由计算机将火控雷达对准目标并发射导弹接战。火控雷达同时追踪来袭目标与"海狼"导弹,将资料传至火控计算机计算两者的相位差,对"海狼"导弹发出航向修正的指令,指挥导弹朝着火控雷达与目标之间的瞄准线飞去,直到命中目标。

"公爵"级护卫舰的 114 毫米 Mk 8 舰炮正在开火

电子设备

"公爵"级护卫舰拥有多功能的普莱西 996 型 3D 中程对空/平面搜索雷达（E/F 频），除用于对空、对海监视之外,还兼作舰上"海狼"防空导弹的目标导引雷达。996 型雷达性能优异,在高强度噪声与电子干扰的环境中仍能精确锁定小型目标。后来 996 型雷达被更换为 997 型雷达,性能进一步提升。

"公爵"级护卫舰的火控雷达为 2 具英国宇航系统公司的 911 型雷达,负责导引"海狼"防空导弹以及舰首的 Mk 8 自动舰炮。舰上另一个重要火控装备为 1 部英国宇航系统公司的 GSA-8"海射手 30"光电火控系统,主要用于指挥舰首的 Mk 8 舰炮射击。

"公爵"级护卫舰的997型雷达特写

重要事件

2005年9月7日,英国与智利签订合约,以1亿35万英镑的超低总价将3艘"公爵"级护卫舰售给智利(服役才8年的"卡夫顿"号的造价就已达到1亿5000万英镑)。

第 4 章 护卫舰

十秒速识

"公爵"级护卫舰拥有高舰首,贯通式主甲板延伸至舰尾。前甲板安装有三种主要武器装备,由舰首朝后分别是:114毫米舰炮、"海狼"防空导弹垂直发射装置和"鱼叉"反舰导弹倾斜发射装置。前上层建筑后缘装有大型封闭式主桅,醒目的烟囱横截面为矩形,方形后上层建筑前缘装有大型塔形桅杆。

法国"花月"级护卫舰

"花月"级护卫舰（Floréal Class Frigate）是法国于 20 世纪 90 年代初开始建造的护卫舰，法国称之为"警戒护卫舰"，共建造了 8 艘，从 1992 年服役至今。该级舰操作与维护简便、性能可靠、续能航力较强，能够长期在远离本土的海域有效执行各种低强度任务。

研发历史

冷战结束后，法国认为大规模的军事对抗风险已经消失，法国海军有了新的任务，即保护法国专属经济区。由于法国海军现役的护卫舰也已老化，于是法国便以"警戒护卫舰"为概念，研制出了"花月"级护卫舰。法国海军共装备了 6 艘，

基本参数	
满载排水量	2950 吨
全长	93.5 米
全宽	14 米
吃水	4.3 米
最高航速	20 节
最大航程	10000 海里
舰员人数	88 人

均以法国共和历的月份命名，首舰"花月"号（F730）在 1990 年 4 月开工，同年 10 月下水，1992 年服役。其他各舰分别是"牧月"号（F731）、"雪月"号（F732）、"风月"号（F733）、"葡月"号（F734）、"芽月"号（F735）。除了装备法国海军外，"花月"级护卫舰还出口到摩洛哥 2 艘。

第 4 章 护卫舰

高速航行的法国海军"牧月"号

摩洛哥海军装备的"花月"级护卫舰

舰体构造

"花月"级护卫舰的舰体以商船的标准建造，不过仍以军用标准设置水密隔舱。舰体设计的最大特色就是粗短肥胖，长宽比仅 6.88，在军舰中极为罕见,这使得它拥有极佳的稳定性,在 5 级海况下仍能让直升机起降。不过短胖的代价就是航行阻力大增,降低了航速。由于任务上的特性,"花月"级护卫舰的舰体完全没有使用同时期"拉斐特"级护卫舰采用的舰体隐身设计。

法国海军"雪月"号侧面视角

主要武器

"花月"级护卫舰没有高强度正规作战能力,主要功能包括近距离反水面、少量的远距离反水面能力以及最低限度的点防空能力,而不具有任何反潜能力。不过,法国海军对这类舰艇的要求并非着眼于强大的作战能力与科技水平,而是看重"花月"级护卫舰在操作与维护上的简单便利、较低的训练需求与损耗、可靠的性能、购置与维持的经济性、续航能力、远洋长期独力作战能力等。

"花月"级护卫舰的主要武器包括 1 门 100 毫米全自动舰炮,2 门 20 毫米 F2 型舰炮(射速 720 发 / 分,最大射程 8 千米)以及 2 枚 "飞鱼" MM38 型反舰导弹。此外,"花月"级护卫舰还可搭载 1 架 AS 332F "超美洲豹"直升机或 AS 565 "黑豹"直升机。

"花月"级护卫舰的"飞鱼"MM38型反舰导弹发射装置

电子设备

"花月"级护卫舰最主要的电子设备为1部汤姆森DRBV-25型2D对空/平面搜索雷达（D频），此外还有2部雷卡DRBN-34A型导航雷达，其中一部用于船舰导航，另一部则作为直升机管制用途。电子战方面，"花月"级护卫舰配备了汤姆森ARBR-17型电子支援系统以及2座十联装诱饵发射器。该级舰唯一的火控装备是1套位于舰桥顶部的"眼镜蛇"光电火控系统，用于舰首舰炮。

法国海军"牧月"号

重要事件

1999年12月,摩洛哥与法国签约,采购了2艘"花月"级护卫舰,命名为"穆罕默德五世"号(F-611)与"哈桑二世"号(F-612),刚服役时是摩洛哥海军最大型的作战舰艇。

摩洛哥海军"穆罕默德五世"号

十秒速识

"花月"级护卫舰的前甲板低矮,高大的中央上层建筑舰桥后缘安装有综合封闭式主桅。独特的双矩形烟囱并列配置,顶部装有突出式排气口。"飞鱼"反舰导弹发射装置位于烟囱和主桅之间。

法国海军"葡月"号

法国"拉斐特"级护卫舰

"拉斐特"级护卫舰(La Fayette Class Frigate)是法国于20世纪80年代末研制的一款导弹护卫舰,最大的特点是采用了低可侦测性技术,外形极为美观,隐身性能较为出色。

研发历史

20世纪80年代,联合国海洋法公约正式生效后,世界各濒海国家都加强了对自身海洋权益的保护,法国海军也提出采购一批新型导弹护卫舰用于保护海外地区领海和专属经济区的计划,"拉斐特"级导弹护卫舰便由此而来。

基本参数	
满载排水量	3600 吨
全长	125 米
全宽	15.4 米
吃水	4.1 米
最高航速	25 节
最大航程	9000 海里
舰员人数	141 人

"拉斐特"级护卫舰共建造了20艘,其中法国海军装备了5艘,分别是"拉斐特"号(F710)、"速科夫"号(F711)、"库尔贝"号(F712)、"阿克尼特"号(F713)和"盖普拉特"号(F714),截至2017年5月仍全部在役。除法国外,沙特阿拉伯和新加坡也引进了"拉斐特"级护卫舰,两国海军分别装备了3艘和6艘。

法国海军"拉斐特"级护卫舰

新加坡海军装备的"拉斐特"级护卫舰

舰体构造

"拉斐特"级护卫舰的舰体线条流畅,不仅有利于提高隐身性能,也极具艺术美感,充分体现了法国优良的造船工艺和审美观念。"拉斐特"级护卫舰上除了必须暴露的武器装备和电子设备,其他设备一律隐蔽安装,舰体以上甲板异常整洁,除了1门舰炮,几乎没有任何突出物。

与以往的舰艇相比,"拉斐特"级护卫舰的轮廓线条较为简单,舰体与上层结构外形十分简洁,并刻意避免尖锐棱角或较复杂的造型。舰体表面几乎找不到一块垂直的部分,而都刻意采取倾斜式的设计,船舷部分为20度向内倾斜呈V字形,接近上层结构时出现转折,变成向外倾斜10度而呈倒V字形。

法国海军"库尔贝"号

主要武器

"拉斐特"级护卫舰安装的武器并不多,主要武器包括:1座八联装"响尾蛇"防空导弹发射装置,用于中远程防空;2座四联装"飞鱼"MM40反舰导弹发射装置,装载8枚"飞鱼"导弹,用于反舰;1门100毫米自动舰炮,弹库可以容纳600发炮弹,用于防空、反舰;2门人工操作20毫米舰炮,主要在执行海上保安任务时使用。此外,该级舰还可搭载1架"黑豹"直升机。

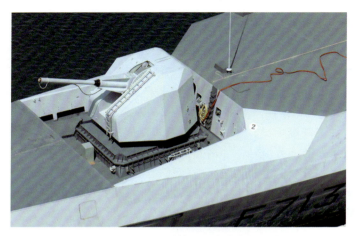

"拉斐特"级护卫舰的100毫米自动舰炮

电子设备

"拉斐特"级护卫舰安装有1部汤姆森DRBV-15C"海虎"Mk 2海空搜索雷达(E/F频段)和2部雷卡DRBN-34A直升机航空管制雷达(I频段)。电子战方面,该级舰配备了1部达索ARBB-33广幅电子对抗系统(H/I/J频段)和1部汤姆森ARBR-21(DR-3000-S)电子战系统。

"拉斐特"级护卫舰的汤姆森DRBV-15C"海虎"Mk 2海空搜索雷达

第 4 章 护卫舰

重要事件

"拉斐特"级护卫舰对 20 世纪 90 年代后的各国军舰设计产生了深远的影响——隐身成为颇受重视的舰艇技术指标,各国新设计的舰艇开始赶流行般地引用隐身技术,而这些隐身技术无论是在抑制雷达、红外线或声噪讯号等方面大多脱离不了"拉斐特"级护卫舰所采用的技术范畴。

航行中的新加坡海军"拉斐特"级护卫舰

十秒速识

"拉斐特"级护卫舰高大平整的中央上层建筑上安装有金字塔式主桅,独特的前倾式桅杆／烟囱一体式建筑,并安装有电子支援系统天线。较长的飞行甲板位于舰尾,所有上层建筑外侧面均有 10 度倾角。外部设备都进行了隐藏处理,或尽可能地设计安装在较低的位置。

法国海军"盖普拉特"号

德国"勃兰登堡"级护卫舰

"勃兰登堡"级护卫舰（Brandenburg Class Frigate）是德国于20世纪90年代建造的一款多用途导弹护卫舰，共建造了4艘，截至2017年5月仍全部在役。

研发历史

20世纪90年代初，德国汉堡勃姆沃斯造船厂借鉴此前的NFR-90护卫舰（北约90年代护卫舰替代计划）和德国海军"不来梅"级护卫舰的造舰经验，借助先进的模块化技术，研发出了一种在实用性方面表现更加突出的改进型护卫舰，即"勃兰登堡"级护卫舰。该级舰采用地名命名法，得名于德国东部的勃兰登堡州。

基本参数	
满载排水量	4490吨
全长	138.9米
全宽	16.7米
吃水	4.4米
最高航速	29节
最大航程	7000海里
舰员人数	219人

"勃兰登堡"级护卫舰共建造了4艘，分别是"勃兰登堡"号（F215）、"石勒苏益格－荷尔斯泰因"号（F216）、"拜仁"号（F217）、"梅克伦堡－前波莫瑞"号（F218）。其中，"勃兰登堡"号于1994年10月开始服役，"梅克伦堡－前波莫瑞"号于1996年12月开始服役。

舰体构造

"勃兰登堡"级护卫舰采用较高且完全没有弧度的船舷,不仅可以强化耐波力、减少冲到舰首甲板上的波浪,也增加了舰艇内部的可用空间,适航性远优于干舷低矮、上层结构高耸的老旧"汉堡"级驱逐舰。上层结构采用长艏楼构型,设计得十分低矮,舰尾直升机甲板明显低于舰首船舷的高度。为了减少雷达截面积,上层结构均具有一定的内倾角度。

"勃兰登堡"级护卫舰采用模块化设计,武器装备和电子设备都使用标准尺寸和接口的功能模块,同型的功能模块可以互换,具有高度的灵活性和适应性,也使战舰的改装和维修简便易行,并大大降低总采购费用和日常维修费用。

主要武器

"勃兰登堡"级护卫舰主要用于反潜作战,同时可承担防空和水面作战等多种任务。该级舰的主要武器包括:2座双联装"飞鱼"MM38型反舰导弹发射装置、1门奥托·梅莱拉76毫米舰炮、1座十六联装Mk 41导弹垂直发射装置(发射"海麻雀"防空导弹)、2座二十一联装Mk 49"拉姆"导弹发射装置、2座双联装Mk 32鱼雷发射管(发射Mk 46 Mod 2型鱼雷)。此外,该级舰还可搭载2架"超山猫"Mk 88型反潜直升机。

"勃兰登堡"级护卫舰是德国海军第一种正式采用由美国、德国合作研发的新一代Mk 31 Block 0"拉姆"短程防空导弹系统的舰艇,这种导弹的接战作业为全自动,性能极佳,可有效应付迂回航行的超音速掠海反舰导弹。

"勃兰登堡"级护卫舰发射"飞鱼"MM38型反舰导弹

电子设备

"勃兰登堡"级护卫舰拥有先进的电子系统,主要的对空雷达是1部荷兰西格纳尔公司的新型SMART-S三维E/F频多波束中程目标获得雷达,可在全天候同时追踪160个空中目标与40个水面目标,对空搜索距离105千米,且具有极佳的电子反对抗能力。除了SMART-S雷达之外,直升机库上方的塔状桅杆上还安装有1部LW 08型D频2D中长程对空搜索雷达,也是西格纳尔的产品。

导航与平面搜索方面,"勃兰登堡"级护卫舰配备了2部美国雷神公司生产的"雷德帕思"导航雷达(I频)。射控方面,拥有2部西格纳尔生产的STIR-180照明雷达,负责导引"海麻雀"导弹与奥托·梅莱拉76毫米舰炮。此外,也有2部同为西格纳尔生产的MWCS光电射控系统。作战系统方面,采用以美制AN/UYK-43B主电脑为核心的SATIR战斗系统。

"勃兰登堡"级护卫舰的雷达天线特写

重要事件

由于舰艇替换刻不容缓,"勃兰登堡"级护卫舰的主承包商汲取了MEKO护卫舰的模块化架构以及德国"不来梅"级护卫舰的设计经验,加上部分NFR-90的阶段性技术成果,跳过了设计发展阶段,直接进入"勃

第4章 护卫舰

兰登堡"级护卫舰的建造工程,勃姆沃斯、豪尔德、泰森、不来梅·渥肯造船厂各建造1艘。

十秒速识

"勃兰登堡"级护卫舰的贯通式主甲板由舰首延伸至飞行甲板处并下降,大型粗壮的封闭式主炮位于舰体中部前方,大型倾斜式双烟囱位于前后上层建筑之间,后上层建筑顶部安装有后炮。双联装"飞鱼"反舰导弹发射装置位于烟囱和主炮之间。

德国"萨克森"级护卫舰

"萨克森"级护卫舰(Sachsen Class Frigate)是德国于1999年开始建造的导弹护卫舰,又称为F124型护卫舰。该级舰是德国海军目前排水量最大的水面舰艇,采用了模块化设计。

研发历史

"萨克森"级护卫舰被德国海军用来替换20世纪60年代从美国购买的3艘"吕特延斯"级驱逐舰。该级舰原计划建造4艘,有1艘取消建造。首舰"萨克森"号(F219)在1996年3月14日签订建造合同,2002年10月交付,2003年12月正式服役。二号舰"汉堡"号(F220)于2000年9月开工,2002年8月下水,2004年12月开始服役。三号舰"黑森"号(F221)于2001年12月开工,2003年7月下水,2006年4月开始服役。截至2017年5月,"萨克森"级护卫舰仍全部在役。

基本参数	
满载排水量	5800吨
全长	143米
全宽	17.4米
吃水	6米
最高航速	29节
最大航程	4000海里
舰员人数	243人

舰体构造

"萨克森"级护卫舰的舰体发展自"勃兰登堡"级护卫舰,两者的基本设计极为类似,但"萨克森"级护卫舰的舰体长度拉长,最重要的是引进各种隐身设计,外形修改得更为简洁且刻意做出倾斜造型,舰体大量使用隐身材料与涂料。"萨克森"级护卫舰的上层结构与舰体都采用钢材制造,舰身分为6个双层水密隔舱,之间则为一些单层水密隔舱。"萨克森"级护卫舰在六级海况下仍能执行作战任务,在八级海况下仍可航行,摇晃与起伏比同吨位的舰艇小很多。该级舰有先进的整合损害管制监控网络,具有在核生化环境下运作的能力。

主要武器

由于装备了性能一流的 APAR 主动相控阵雷达,"萨克森"级护卫舰的防空作战性能尤其突出。该级舰的主要武器包括:1门76毫米舰炮、2门27毫米舰炮、4座八联装 Mk 41 垂直发射装置(发射"海麻雀"导弹或"标准"导弹)、2座四联装"鱼叉"反舰导弹发射装置、2座 RIM-116B"拉姆"舰对空导弹发射装置、2座三联装 MU90 鱼雷发射管。此外,该级舰还可搭载2架 NH90 直升机。

"萨克森"级护卫舰发射"海麻雀"导弹

电子设备

"萨克森"级护卫舰配备的 SEWACO 11 作战系统是德国海军第一种全分散式作战系统,总共使用了 150 个中央处理器,能同时提供 200 亿次/秒的计算容量,并通过多余度 ATM 技术光纤舰内网络与舰上各种侦测、武器系统连接。"萨克森"级护卫舰的电子战系统包括 FL-1800S-II 电子对抗系统与 CESM 电子支援系统,能侦测与辨认可能的威胁,并自动进行对敌方导弹等雷达寻标器的对抗,同时指挥舰上 6 座 Mk 36 干扰弹发射器投掷诱饵。

"萨克森"级护卫舰拥有先进的航行装备,包括 2 部 9600M 搜索雷达、2 部卫星导航系统、2 部惯性导航系统、1 套电子海图系统以及卫星气象系统等。舰上的光电系统是 MSP-500 光电侦测/舰炮射控系统,整合有红外线热影像仪、电视摄影机与激光测距仪。舰上的通信系统分为舰内与舰外两部分,都是数字化系统,包括 UHF 与 SHF 卫星通信设备、IMUS 整合信息处理控制系统、FONCON 32 数字加密通信系统等。

"萨克森"级护卫舰的封闭式主桅特写

重要事件

2002年12月,为验证陆基大口径火炮舰上操作、强化舰艇对岸打击能力的可行性,德国海军将PzH-2000自行榴弹炮的炮塔略加修改安装在海试中的"汉堡"号上,2005年9月又将完整的PzH-2000自行榴弹炮直接固定在"黑森"号的直升机甲板上。该试验持续5年之久,但最终在2007年被放弃,德国海军转而使用奥托·梅莱拉127毫米舰炮,安装在F-125型护卫舰上。

十秒速识

"萨克森"级护卫舰的干舷较高,贯通式主甲板由舰首延伸至短小的飞行甲板处并下降,大型粗壮的封闭式主桅位于舰体中部前方,旋转式APAR相控阵雷达位于较短的柱式桅杆顶部。细长的金字塔式封闭式桅杆位于烟囱前方,大型倾斜式双烟囱位于舰体中部后方上层建筑顶部,后上层建筑顶部安装有后桅,其上装有大型矩形对空搜索雷达天线。

欧洲多用途护卫舰

欧洲多用途护卫舰（Frégate Européenne Multi-Mission，FREMM）是法国和意大利联合研制的新一代多用途护卫舰，不仅装备了法国海军和意大利海军，还出口到了埃及和摩洛哥等国。该级舰配备相控阵雷达，防空型发射"阿斯特"防空导弹，具备区域防空能力。

研发历史

FREMM 是法国与意大利继"地平线"级驱逐舰之后再次合作研发的新一代护卫舰，主要用于替换两国海军中老化的舰艇，包括法国"乔治·莱格"级驱逐舰和意大利"西北风"级护卫舰等。法国海军原计划建造 17 艘，其中 9 艘对陆攻击

基本参数	
满载排水量	6000 吨
全长	142 米
全宽	20 米
吃水	5 米
最高航速	27 节
最大航程	6000 海里
舰员人数	145 人

型，8 艘反潜型。之后，为了节省财政支出，法国海军取消了 9 艘建造计划。意大利海军计划建造 10 艘，包括 6 艘通用型和 4 艘反潜型。此外，埃及和摩洛哥各进口了 1 艘。

法国版以其首舰"阿基坦"号也称为"阿基坦"级，意大利版以其首舰"卡洛·贝尔加米尼"号也称为"卡洛·贝尔加米尼"级。"阿基坦"是法国西南部一个大区的名称，西邻大西洋，南接西班牙。"卡洛·贝尔加米尼"号则得名于意大利海军上将卡洛·贝尔加米尼（1888 年 10 月 24 日—1943 年 9 月 9 日）。

第 4 章 护卫舰

法国版首舰"阿基坦"号

意大利版首舰"卡洛·贝尔加米尼"号

舰体构造

　　FREMM 的设计注重隐身能力，其中又以法国版的隐身外形较为前卫，上层结构与塔状桅杆采用倾斜设计（7～11度）并避免直角，舰面力求简洁，各项甲板装备尽量隐藏于舰体内，封闭式的上层结构与船舷融为一体，舰体外部涂有雷达吸收涂料。意大利版的外形比较接近"地平线"级。

俯瞰法国版首舰"阿基坦"号

主要武器

在主炮方面，法国版配备1门奥托·梅莱拉76毫米舰炮的超快速型，射速达120发/分，日后可能换装成威力射程更大的127毫米主炮。而意大利版反潜型则配备了2门奥托·梅莱拉76毫米舰炮。小口径武器方面，法国版配备3门20毫米机炮，意大利版则配备2门25毫米机炮。FREMM最主要的武器投送系统是法制"席尔瓦"垂直发射系统，不同的FREMM衍生型依照任务来配置"席尔瓦"发射系统的形式与数量，FREMM舰首炮位的空间足以容纳4座八联装"席尔瓦"发射系统。

反舰导弹方面，法国版配备2座四联装"飞鱼"MM40反舰导弹发射系统，意大利版则配备4座双联装"泰塞奥"Mk 2/A导弹发射系统。反潜方面，意大利两种FREMM以及法国版反潜型都配备2座三联装324毫米鱼雷发射装置。舰载机方面，法国版只配备1架NH-90直升机，意大利版则配备2架NH-90直升机。

第 4 章 护卫舰

航行中的"卡洛·贝尔加米尼"号

电子设备

雷达方面,意大利版采用阿莱尼亚·马可尼系统公司研制的欧洲多功能相控阵雷达(European Multifunction Phased Array Radar,EMPAR),而法国方面为了降低成本,使用泰利斯集团研制的"武仙座"(Herakles)多功能相控阵雷达。"武仙座"雷达是一种轻量化的 S(E/F)频被动相控阵雷达,采用单面旋转阵列天线,最大对空侦测距离约 250 千米,最大平面侦测距离约 80 千米,号称可同时追踪 500 个以上的目标。除了主要的相控阵雷达之外,FREMM 还装备了阿莱尼亚·马可尼系统公司的 RAN-30X/I 轻型多功能雷达。

作战系统方面,法意两国的 FREMM 将分别使用自家开发的系统,其中法国版采用 DCNS/DSIS 分散式战斗管理系统,意大利版则使用衍生自先前"加富尔"号航空母舰作战系统的版本。声呐方面,所有的 FREMM 均配备泰利斯集团生产的 UMS 4110CL 主/被动低频舰首声呐。反潜型还会加装 UMS-4249 主/被动低频拖曳阵列声呐与 SLAT 鱼雷对抗系统。

高速航行的"阿基坦"号

重要事件

2013年3月30日至4月4日,法国海军"阿基坦"号护卫舰首度与美国海军进行独立部署训练演习,演习期间对该舰的各项系统运作与性能进行评估,同时增强舰上人员的操作熟悉度。在演习期间,"阿基坦"号的表现相当出色,成功地完成了对敌方船舰的探测、追踪与攻击任务。

意大利版四号舰"卡拉比涅雷"号

第 4 章 护卫舰

十秒速识

FREMM 所有外部装备和上层甲板建筑都经过隐蔽设计处理或尽量低矮，高大平整的中央上层建筑舰桥顶部装有短小的圆柱状主桅，低矮的烟囱紧靠整体式金字塔形桅杆，顶部安装有柱状桅杆。反舰导弹箱式发射装置位于前后上层建筑之间，短小的金字塔形桅杆位于上层建筑前缘，对空搜索雷达安装于其顶部。

"卡洛·贝尔加米尼"号后方视角

意大利"西北风"级护卫舰

"西北风"级护卫舰（Maestrale Class Frigate）是意大利海军于20世纪80年代装备的一款多用途护卫舰，该级舰的布置十分紧凑，其武器密度（每千吨空载排水量的武器系统数）、有效载荷重量比（有效载荷与空载排水量的百分比）都远大于同时期西方国家的其他护卫舰。

研发历史

1975年，意大利海军参谋部批准了"西北风"级护卫舰的设计。1976年12月，意大利海军订购了首批6艘，1980年10月订购了最后2艘，总计8艘，分别是"西北风"号（F570）、"东北风"号（F571）、"西南风"号（F572）、"非洲风"号（F573）、"贸易风"号（F574）、"欧洲风"号（F575）、"西风"号（F576）和"和风"号（F577）。

首舰"西北风"号于1978年3月开工，1981年2月下水，1982年3月开始服役。八号舰"和风"号于1984年5月下水，1985年5月开始服役。截至2017年5月，"西北风"级护卫舰仍有7艘在役，仅首舰退出现役。

基本参数	
满载排水量	3100吨
全长	122.7米
全宽	12.9米
吃水	4.2米
最高航速	33节
最大航程	6000海里
舰员人数	225人

舰体构造

"西北风"级护卫舰在设计上可以视为是其前级"狼"级护卫舰的放大版,不仅将舰体尺寸、排水量放大以增加适航性,侦测能力、电子系统以及反潜能力也经过强化。该级舰的舰体构型相当合理,改善了适航性以及高速性能。

与"狼"级护卫舰相同,"西北风"级护卫舰也采用了柴燃联合动力系统,燃气涡轮同为美国通用动力公司授权菲亚特公司生产的 LM2500 型,但柴油机则换为功率更大的 GMT BL-230-20 DVM 型。"西北风"级护卫舰的螺旋桨直径较大,使其转速变慢以减少噪音,利于反潜作战。

主要武器

"西北风"级护卫舰是以反潜为主的多用途护卫舰,其满载排水量只有 3100 吨,但反潜系统却配备了 2 架中型舰载直升机,这在同类舰艇中极为罕见。该级舰安装有 4 座"奥托马特"舰对舰导弹发射装置、1 座"信天翁"防空导弹发射装置、1 座 127 毫米全自动舰炮、2 座双联装 40 毫米舰炮、2 座二十联装 105 毫米火箭发射装置、2 座三联装 324 毫米鱼雷发射装置。

反潜直升机在"西北风"级护卫舰尾部甲板上空作业

电子设备

"西北风"级护卫舰安装有 1 部塞莱尼亚 SPS-774（RAN-10S）对空/平面搜索雷达、1 部 SMA SPS-702 平面搜索雷达和 1 部 MA SPN-703 导航雷达。电子战方面，安装有 1 部 AN/SLQ-25A 鱼雷对抗系统和 2 座布雷达"斯科拉"诱饵发射器。声呐方面，安装有 DE-1164 中频主/被动舰首声呐和 DE-1164 中频变深声呐。

重要事件

2012 年 8 月 2 日，菲律宾国防部部长表示，菲律宾将从意大利购买 2 艘退役的"西北风"级护卫舰，以强化海军制海能力。随后，菲律宾又更改了计划。2013 年 7 月 3 日，菲律宾国防部官员表示，将斥资 180 亿比索（约 27 亿元人民币）购买 2 艘新造的"西北风"级护卫舰。不过，这项交易最终没有达成。

十秒速识

"西北风"级护卫舰的舰桥位于舰首较后方,前上层建筑较为高大,金字塔形主桅位于顶部。矩形单烟囱边缘略倾,顶部装有消烟顶罩。飞行甲板位于舰尾,开放式后甲板位于较低位置。

西班牙"阿尔瓦罗·巴赞"级护卫舰

"阿尔瓦罗·巴赞"级护卫舰(Álvaro de Bazán Class Frigate)是西班牙研制的"宙斯盾"护卫舰,又称 F-100 型护卫舰。西班牙海军声称,该级舰的造价仅为美国"阿利·伯克"级驱逐舰的一半,却拥有与其"几乎完全相同"的能力,两者最大的区别是目前"阿尔瓦罗·巴赞"级护卫舰还不能发射"战斧"巡航导弹。

研发历史

20 世纪 90 年代,美国为了抢占军火市场份额,宣布向北约国家出口其最先进的舰载"宙斯盾"防空系统。西班牙于 1995 年 6 月决定退出与荷兰、德国合作的"三国护卫舰计划",转而采用美制"宙斯盾"系统。于是,西班牙成为继日本之后第二个获得美国"宙斯盾"系统的国家。

基本参数	
满载排水量	5800 吨
全长	146.7 米
全宽	18.6 米
吃水	4.8 米
最高航速	29 节
最大航程	4000 海里
舰员人数	250 人

"阿尔瓦罗·巴赞"级护卫舰共建造了 5 艘,分别是"阿尔瓦罗·巴赞"号(F-101)、"胡安·德博尔冯"号(F-102)、"布拉斯·莱索"号(F-103)、"门德斯·努涅斯"号(F-104)和"克里斯托弗·哥伦布"号(F-105)。其中,"阿尔瓦罗·巴赞"号于 2002 年开始服役,"克里

斯托弗·哥伦布"号于 2012 年开始服役。截至 2017 年 5 月，该级舰仍全部在役。

舰体构造

"阿尔瓦罗·巴赞"级护卫舰采用模块化设计，全舰由 27 个模块组成。甲板为四层，从上到下依次为主甲板、第二层甲板、第一层甲板和压载舱。为了增强防火能力，舰体被主舱壁隔离成多个垂直的防火区，防火区之间的间隔少于 40 米。为了保证抗沉性，舰上还拥有 13 个横向防水舱。

主要武器

"阿尔瓦罗·巴赞"级护卫舰的单舰防空能力较强,具有区域性对空防御以及反弹道导弹的侦测能力。该级舰的主要武器包括:1 座四十八联装 Mk 41 垂直发射系统,发射"标准"导弹或改进型"海麻雀"导弹;1 门 127 毫米 Mk 45 Mod 2 舰炮,用于防空、反舰;2 座四联装"鱼叉"反舰导弹发射装置,用于反舰;2 座双联装 Mk 32 鱼雷发射装置,发射 Mk 46 Mod 5 轻型鱼雷;2 门 20 毫米机炮。

"阿尔瓦罗·巴赞"级护卫舰的四联装"鱼叉"反舰导弹发射装置

电子设备

"阿尔瓦罗·巴赞"级护卫舰采用与"阿利·伯克"级驱逐舰相同的 SPY-1D 相控阵雷达,但是只有 2 部 SPG-62 照射雷达,故同步对空接战量(约为一次接战 9 ~ 10 个目标)不如后者(同时接战约 16 ~ 18 个目标)。由于"阿尔瓦罗·巴赞"级护卫舰的吨位较小,所以 SPY-1D 雷达的安装方式有所变动。

"阿尔瓦罗·巴赞"级护卫舰的"宙斯盾"系统除了美国原装的相关设备之外,还整合了许多西班牙选择的系统,包括美国雷神公司的 DE-1160LF 舰首声呐、西班牙国产的 DORNA 复合式雷达/光电舰炮火控系统（包含 Ku 频段火控雷达、激光测距仪、电视摄影机、红外线热影像仪）、DLT-309 反潜火控系统、西班牙自制的电战装备等，包括西班牙因达尔集团的 SQL-380 电子支援系统、MK-9000 电子对抗系统以及 4 座美制 Mk 36 干扰弹发射器。

"阿尔瓦罗·巴赞"级护卫舰和美国海军"尼米兹"级航空母舰

重要事件

1999 年，西班牙伊萨尔造船厂与美国通用动力公司和洛克希德·马丁公司签约，组成"先进护卫舰销售联盟"（AFCON），主要业务为整合"宙斯盾"作战系统与武器系统，并开发、销售一系列衍生自"阿尔瓦罗·巴赞"级护卫舰、配备外销版"宙斯盾"系统的先进护卫舰，而为挪威建造的"南森"级护卫舰便是这个销售计划的头号产物。

第4章 护卫舰

十秒速识

"阿尔瓦罗·巴赞"级护卫舰拥有较长的前甲板,弯曲过渡到平板式上层建筑舰桥,飞行甲板下降过渡到非常短小的后甲板处。该级舰有2座烟囱,前者与上层建筑舰桥融合,后者外观为低矮矩形,倾斜配置。

澳大利亚/新西兰"安扎克"级护卫舰

"安扎克"级护卫舰（Anzac Class Frigate）是澳大利亚和新西兰联合研制的一款多用途护卫舰，也称为"澳新军团"级护卫舰，共建造了10艘（澳大利亚8艘，新西兰2艘），从1996年服役至今。

研发历史

1989年11月10日，澳大利亚曼斯菲尔德·阿梅康造船厂作为主承包商签订了建造10艘"安扎克"级护卫舰的合同，其中8艘为澳大利亚海军建造（舷号为FFH 150～FFH 157），2艘为新西兰海军建造（舷号为F77、F111）。首舰"安扎克"号于1993年11月开工，1994年9月下水，1996年5月开始服役。该级舰的名称是为了纪念一战时的澳大利亚和新西兰军团（Australia and New Zealand Army Corps，ANZAC），同时也意味着两国希望再缔造一次成功的军事合作。

基本参数	
满载排水量	3600 吨
全长	118 米
全宽	14.8 米
吃水	4.4 米
最高航速	27 节
最大航程	6000 海里
舰员人数	163 人

第 4 章 护卫舰

舰体构造

"安扎克"级护卫舰引进了德国 MEKO 200 建造技术,对澳大利亚海军来说具有里程碑性质。凭借 MEKO 200 的模块化造船技术,"安扎克"级护卫舰拥有完善的武备,并保有相当充裕的后续扩充空间,可以随时加新的装备。该级舰的武器系统、电子系统、控制台,甚至桅杆等设备都是按照标准尺寸制成的独立模块,在岸上由分包商在厂房内组装测试,然后被运送到船厂,安装到标准底座上。这种建造方式不仅可以节省安装时间,最大限度地避免失误,也更容易进行改装或升级。

主要武器

"安扎克"级护卫舰的主要武器包括:1座八联装 Mk 41 垂直发射系统(发射"海麻雀"导弹),2座三联装 324 毫米鱼雷发射管(发射 Mk 46 鱼雷),1 门 127 毫米 Mk 45 舰炮。另外,"安扎克"级护卫舰两舷架设有多挺 M2HB 重机枪,以抵御自杀船袭击,同时也提高对海盗船的威慑力度。该级舰还可以搭载 1 架直升机,澳大利亚海军使用西科斯基 S-70B 直升机,新西兰海军则使用卡曼 SH-2G 直升机。

电子设备

澳大利亚和新西兰两国的"安扎克"级护卫舰采用相同的装备,二号塔状桅杆上安装有 1 部 AN/SPS-49(V)8 对空搜索雷达(C/D 频),一号主桅顶端则有 1 部"海长颈鹿"9LV 453 对海/对空搜索雷达(G/H 频),一号主桅前方有 1 部负责导控 RIM-7P"海麻雀"导弹与舰炮的 9LV 453 火控雷达雷达(J 频)。作战系统方面,安装有诺贝尔科技公司的 9LV 453 Mk 3 型战斗管理系统。资料传输系统方面,配备了 Link-11 资料链以及 SHF 卫星通信系统等。水下侦测方面,配备汤姆森公司的辛特拉 Spherion B 舰首主/被动声呐,舰尾预留了安装拖曳阵列声呐的空间。

第 4 章 护卫舰

重要事件

2005 年 1 月 22 日夜间,隶属澳大利亚海军的"安扎克"级护卫舰"巴拉瑞特"号(FFH 155)在印度洋进行例行巡逻时,意外搁浅于圣诞岛附近的海域,导致推进器受损,但没有人员伤亡。

十秒速识

"安扎克"级护卫舰的舰首有1门127毫米Mk 45舰炮以及2座四联装Mk 141"鱼叉"反舰导弹发射装置,舰尾有直升机平台并搭配了机库。舰身两侧各装有1座由旧舰移植来的Mk 32三联装鱼雷发射器。

荷兰"卡雷尔·多尔曼"级护卫舰

"卡雷尔·多尔曼"级护卫舰（Karel Doorman Class Frigate）是荷兰于20世纪80年代研制的以反潜为主的多用途导弹护卫舰，共建造了8艘，首舰于1991年开始服役。该级舰汲取了世界先进驱逐舰和护卫舰船型的优点，特别适合于大西洋寒冷海区的活动。

研发历史

随着许多高新技术在海军中的应用，导弹垂直发射装置不断出现在美、俄等国水面舰艇上。由于这种发射装置反应快，导弹发射出去后可转向任意方向攻击，因此深受各国海军的青睐。20世纪90年代，荷兰海军也将导弹垂直发射装置应用于新一级护卫舰上，即"卡雷尔·多尔曼"级护卫舰。该级舰以荷兰历史上一些有名的海军军官的名字命名，首舰得名于荷兰海军少将卡雷尔·多尔曼（1889年4月23日—1942年2月28日），他参加了第二次世界大战，在爪哇海之战中牺牲。

"卡雷尔·多尔曼"级护卫舰共建造了8艘，分别是"卡雷尔·多尔曼"

基本参数	
满载排水量	3320吨
全长	122.3米
全宽	14.4米
吃水	6.1米
最高航速	30节
最大航程	5000海里
舰员人数	154人

号（F827）、"范·斯佩克"号（F828）、"威廉·范·德·赞恩"号（F829）、"杰克·希德斯"号（F830）、"范·阿姆斯特尔"号（F831）、"阿布拉汉·范·德·赫尔斯特"号（F832）、"范·内斯"号（F833）和"范·加伦"号（F834）。截至 2017 年 5 月，"范·斯佩克"号和"范·阿姆斯特尔"号仍在荷兰海军服役，其他几艘在退役后被出售给比利时海军（2 艘）、智利海军（2 艘）和葡萄牙海军（2 艘）。

智利海军购买的"卡雷尔·多尔曼"级护卫舰

舰体构造

"卡雷尔·多尔曼"级护卫舰采用平甲板船型，首舷弧从舰体中部开始出现，直至舰首，使得整体看上去首舷弧并不明显，但舰首的高度已增加不少，以减小甲板上浪的机会。舰首尖瘦，舰体中部略宽，下设减摇鳍。折角线从舰首一直到舰尾，使主甲板与上甲板之间的舱室舷侧壁与甲板垂直，有利于各种装备和生活空间的布置。上层建筑位于舰体中部，较长，约占全舰长的一半以上，但高度较小。

第 4 章 护卫舰

荷兰海军"范·斯佩克"号

主要武器

"卡雷尔·多尔曼"级护卫舰的主要武器包括：2 座四联装"鱼叉"反舰导弹发射装置、Mk 48 型"海麻雀"舰对空导弹垂直发射装置、1 门奥托·梅莱拉 76 毫米紧凑型舰炮、1 座荷兰电信公司的"守门员"近程防御武器系统、2 门 20 毫米厄利空机炮、2 座双联装 324 毫米鱼雷发射管。此外，该级舰还可搭载 1 架"大山猫"直升机。

"范·斯佩克"号侧后方视角

电子设备

"卡雷尔·多尔曼"级护卫舰安装有荷兰电信公司的"机警"三坐标对空/对海搜索雷达(F波段)、LW08对空/对海搜索雷达(D波段)、"斯特"火控雷达(I/J/K波段)以及雷卡公司的1226导航雷达(I波段)。声呐方面,配备了荷兰电信公司的PHS36舰壳声呐和汤姆森公司的DSBV61拖曳阵声呐。作战系统方面,配备了荷兰电信公司的"锡瓦科"ⅦB作战情报指挥系统,11号和16号数据链。

比利时海军"卡雷尔·多尔曼"级护卫舰侧面视角

重要事件

1992-1994年,荷兰海军对"卡雷尔·多尔曼"级护卫舰进行了一系列的现代化改进。从2007年开始,该级舰上的"大山猫"直升机逐步被NH90直升机替代。

第4章 护卫舰

港口中的比利时海军"卡雷尔·多尔曼"级护卫舰

十秒速识

"卡雷尔·多尔曼"级护卫舰的贯通式主甲板延伸至舰尾,高大的前上层建筑后缘装有大型金字塔形封闭式主桅,低矮的方形烟囱后缘倾斜,位于舰体中部后方。

比利时海军"卡雷尔·多尔曼"级护卫舰侧后方视角

印度"塔尔瓦"级护卫舰

"塔尔瓦"级护卫舰（Talwar Class Frigate）是俄罗斯为印度设计建造的一款多用途护卫舰，共建造了6艘，从2003年服役至今。

研发历史

20世纪90年代，印度海军确立了"沿海防御－区域控制－远洋进攻"的发展思路，提出发展一支大型远洋舰队，逐步实现从"区域性威慑和控制"向"远洋进攻"的战略转移。为了满足未来新时期的作战需求，印度制订了一系列新型舰艇的建造计划，其中最主要的就是印度自行研制的"德里"级驱逐舰和向俄罗斯订购的"塔尔瓦"级护卫舰。

基本参数	
满载排水量	4035 吨
全长	124.8 米
全宽	15.2 米
吃水	4.2 米
最高航速	32 节
最大航程	4850 海里
舰员人数	180 人

"塔尔瓦"级护卫舰共建造了6艘，分别是"塔尔瓦"号（F40）、"特里舒尔"号（F43）、"塔巴尔"号（F44）、"塔格"号（F45）、"塔卡什"号（F50）和"特里坎德"号（F51）。其中，"塔尔瓦"号于2000年3月下水，2003年6月开始服役。"特里坎德"号于2011年5月25日下水，2013年6月29日开始服役。截至2017年5月，该级舰仍全部在役。

第 4 章 护卫舰

舰体构造

"塔尔瓦"级护卫舰是利用俄罗斯"克里瓦克"Ⅲ型护卫舰为基础改进而来,两者有明显区别,上层建筑和舰体都进行了重新设计,大大减少了雷达反射截面。舰体有明显的外倾和内倾,上层建筑与舰体成为一体,也有较大的固定的内倾角。

主要武器

"塔尔瓦"级护卫舰是集对空、对舰、对地打击等多任务于一身的多用途隐身护卫舰,其核心装备是"俱乐部"反潜/反舰导弹系统,包括3M54E反舰导弹和配套的3R14N-11356舰载火控系统。"塔尔瓦"级的防御主要依赖"无风"中程防空导弹系统，前部甲板还安装有1门100毫米A-190E型高平两用舰炮。近程防御由"卡什坦"系统提供。反潜武器是1座十二联装RBU-6000反潜火箭发射装置，舰体中部还有2座双联装533毫米鱼雷发射管。

"塔尔瓦"级护卫舰的100毫米舰炮

电子设备

"塔尔瓦"级护卫舰的电子设备多为俄制产品，只有极少数是印度自行研制的。主桅杆顶部安装了1部MP-710"顶板"三坐标对空搜索雷达，可同时跟踪20个目标，对空探测距离300千米；1部"棕榈叶"对海搜索雷达，工作于I波段，对海搜索距离为110千米；4部"前罩"火控雷达，用于对SA-N-7防空导弹进行末端目标引导，每部雷达可同时跟踪2个目标，对空探测距离为64千米，跟踪距离为40千米；1部"鸢鸣"火控雷达，用于100毫米舰炮的火力控制，有效探测距离为50千米，具有光电探测器作为备份，可在雷达受到电子干扰条件下继续工作。

"塔尔瓦"级护卫舰在舰首下部安装有1部巴拉特公司研制的APSOH主/被动中频声呐，探测距离为2~10千米，可同时跟踪15个不同深度的目标，并可为反潜武器提供射击参数。由于没有装备拖曳式变深声呐，"塔尔瓦"级护卫舰的对潜探测及反潜能力受到了很大的影响。

第 4 章 护卫舰

"塔尔瓦"级护卫舰的雷达天线

重要事件

2014年3月,印度海军在孟买进行设备检查,发现"特里舒尔"号护卫舰丢失了一个减摇装置。这个装置能够帮助军舰在大风大浪的不利条件下平稳航行。据称,减摇装置可能是在2013年年底该舰出海航行时丢失,但直到此次检查时才被发现。

十秒速识

　　"塔尔瓦"级护卫舰的前甲板较长,舰体中部上层建筑后缘安装有金字塔形主桅,封闭式金字塔形塔架位于舰桥顶部。倾斜的框架式桅杆位于上层建筑舰桥后缘,低矮的烟囱位于舰体中部后方。

印度"什瓦里克"级护卫舰

"什瓦里克"级护卫舰（Shivalik Class Frigate）是印度设计建造的一款大型多用途护卫舰，就整体性能而言有许多先进之处，不过也有部分设计略显过时，最主要的就是没有采用垂直发射的防空导弹系统，仍以20世纪80年代的单臂防空导弹发射装置发射中远程防空导弹。

研发历史

为了替换20世纪70年代陆续服役的5艘"尼尔吉里"级护卫舰（英国授权印度建造的12型护卫舰），印度一方面在1997年向俄罗斯采购3艘"塔尔瓦"级护卫舰，一方面也在规划新的造舰计划，即"什瓦里克"级护卫舰。印度国会

基本参数	
满载排水量	6200 吨
全长	142.5 米
全宽	16.9 米
吃水	4.5 米
最高航速	32 节
最大航程	5000 海里
舰员人数	257 人

在1997年批准首批3艘"什瓦里克"级护卫舰的建造计划，1998年2月将需求意向书交给马扎冈造船厂，合约总金额约17亿美元。

首舰"什瓦里克"号（F47）于2001年7月安放龙骨，2003年4月下水，2009年2月开始海试，2010年4月正式服役。二号舰"萨特普拉"号（F48）于2002年10月安放龙骨，2004年6月下水，2011年8月服役；三号舰"萨雅德里"号（F49）于2003年9月安放龙骨，2005年5月下水，2012年7月21日服役。

舰体构造

"什瓦里克"级护卫舰的基本设计源于"塔尔瓦"级护卫舰,两者的舰体构型与布局十分相似,但"什瓦里克"级护卫舰的尺寸比"塔尔瓦"级护卫舰增加了不少,长度增加17米,满载排水量高达6200吨,已经达到驱逐舰的水平。"什瓦里克"级护卫舰的上层结构造型比"塔尔瓦"级护卫舰更加简洁,开放式舰尾被改为封闭式,舰载小艇隐藏于舰体中段的舱门内,此外也换用隐身性更高的塔式桅杆与烟囱结构。

"什瓦里克"级护卫舰以复合燃气涡轮与柴油机(CODAG)取代了"塔尔瓦"级护卫舰的复合燃气涡轮或燃气涡轮(COGOG),在巡航时以较省油的柴油机驱动,高速时改用燃气涡轮提供动力,故拥有较佳的燃油消耗表现。

主要武器

"什瓦里克"级护卫舰的多数舰载武器系统与"塔尔瓦"级护卫舰相同,主要区别在于舰炮与近程防御武器系统。"什瓦里克"级护卫舰舍弃了俄制 A-190E 型 100 毫米舰炮,改为意大利奥托·梅莱拉 76 毫米舰炮的超快速型,射速高达 120 发/分。"什瓦里克"级护卫舰也没有沿用"塔尔瓦"级护卫舰的俄制"卡什坦"系统,而是采用印度与以色列整合开发的弹炮合一防空系统,由 2 座 AK-630 型 30 毫米防空机炮与三十二管"巴拉克"短程防空导弹发射装置组成。舰载直升机方面,"什瓦里克"级护卫舰的机库结构经过扩大,能容纳 2 架反潜直升机,比"塔尔瓦"级护卫舰多 1 架。

"什瓦里克"级护卫舰参加军事演习

电子设备

"什瓦里克"级护卫舰的主桅杆顶端配备 1 部与"塔尔瓦"级护卫舰相同的"顶板"三维对空搜索雷达,后桅杆则安装 1 部以色列 EL/M 2238 STAR2 三维对空搜索雷达。火控方面,其拥有 4 部用来导引 SA-N-7/12 防空导弹的 MR-90 雷达,分置于前后两座桅杆两侧的平台。舰桥上方安装有 1 部 APARNA 火控雷达,用来导控反舰导弹与舰炮。此外,还有 2 部以色列提供的 EL/M-2221 STGR 火控雷达,分别设置于舰桥上方与机库顶部的平台上,用来导控"巴拉克"防空导弹和 AK-630 防空机炮。声呐方面,配备了 HUMSA 舰首主/被动声呐和 ATAS 主/被动拖曳阵列声呐。

重要事件

虽然"什瓦里克"级护卫舰的建造计划早在1997年就已通过,但是印度海军在开工前夕又变更了若干设计以及建造所需的俄制D-40S钢材延迟到货,导致首舰"什瓦里克"号延迟至2001年7月才开工。

十秒速识

"什瓦里克"级护卫舰的前甲板较长,舰体中部上层建筑后缘安装有金字塔形主桅,封闭式金字塔形塔架位于舰桥顶部。烟囱位于舰体中部后方,后方装有塔架用于安装"前罩"火控雷达。较长的飞行甲板位于舰尾。

第 5 章
潜 艇

　　潜艇是能够在水下运行的舰艇，自一战后得到广泛运用，在现代海军中有着重要地位，其功能包括攻击敌方军舰或潜艇、近岸保护、突破封锁、侦察和掩护特种部队行动等。潜艇是公认的战略性武器，而弹道导弹核潜艇更是核三位一体的关键一极。

美国"洛杉矶"级攻击型核潜艇

"洛杉矶"级潜艇（Los Angeles Class Submarine）是美国于20世纪70年代初开始建造的攻击型核潜艇，它是世界上建造数量最多的一级核潜艇，不仅火力强大，还具有完善的电子对抗设备和声呐设备。

研发历史

20世纪60年代中期，苏联研制出"维克托"级攻击型核潜艇。与此同时，美国也开始发展新型核潜艇。1964年，美国开始研究SSN-688级高速核潜艇，最终定名为"洛杉矶"级。该级艇共建造了62艘，其中Ⅰ批次有31艘（舷号为SSN-688～SSN-718），Ⅱ批次有31艘（舷号为SSN-719～SSN-725、SSN-750～SSN-773）。首艇"洛杉矶"号（SSN-688）于1972年2月开工，于1976年11月开始服役。截至2017年5月，仍有36艘"洛杉矶"级潜艇在美国海军服役。

基本参数	
潜航排水量	6927吨
全长	110.3米
全宽	10米
吃水	9.9米
潜航速度	32节
潜航深度	450米
艇员人数	129人

第 5 章 潜艇

"洛杉矶"级潜艇在北极海域

艇体构造

"洛杉矶"级潜艇很好地处理了高速与安静的关系,使最大航速在降低噪音的基础上达到最佳。Ⅰ批次的耐压艇体全部采用HY-80型钢材。Ⅱ批次中"奥尔巴尼"号(SSN-753)和"托皮卡"号(SSN-754)的部分耐压艇体采用HY-100型钢材,主要是为后续的"海狼"级潜艇采用HY-100型钢材积累经验,而Ⅱ批次的其余潜艇仍采用HY-80型钢材。从"圣胡安"号(SSN-751)开始加装消音瓦,并将首水平舵代替了围壳舵,在冰区上浮时还可自由伸缩。"洛杉矶"级潜艇的动力装置为1座通用电气公司S6G压水反应堆(功率26兆瓦),2台蒸汽轮机以及1台239千瓦的辅助推进电机。

主要武器

"洛杉矶"级潜艇在舰体中部设有4座533毫米鱼雷发射管,可发射"鱼叉"反舰导弹、"萨布洛克"反潜导弹、"战斧"巡航导弹以及传统的线导鱼雷等。从"普罗维登斯"号(SSN-719)开始的后31艘潜艇又加装了1座十二联装导弹垂直发射装置,可在不减少其他武器数量的情况下,增载12枚"战斧"巡航导弹。此外,该级艇还具备布设Mk 67触发水雷和Mk 60"捕手"水雷的能力。

电子设备

从首艇到"纽波特纽斯"号（SSN-750）装备了 AN/CCS Mk 1 型作战数据链，后被 AN/CCS Mk 2 型取代，其核心为 UYK7 型计算机。从"圣胡安"号（SSN-751）开始，安装了 AN/BSY-1/2 型作战数据链，其核心为 UYK43/44 计算机。火控为 MK-113/117 鱼雷发射控制系统。雷达有 AN/BPS-15 水面搜索/导航雷达。电子战系统有 BRD-7（测向）、WLR-12（雷达预警）、WLR-9A（侦听）、Mk 2（鱼雷诱饵发射）等。声呐方面，主要有 AN/BQQ-5D 或 AN/BQQ-5E 主/被动低频声呐、BQR-23 或 BQR-25 被动拖曳声呐、BQS-15 主动近程搜索高频声呐。从"圣胡安"号（SSN-751）开始，还安装了水雷和冰块避碰系统。

重要事件

1991 年海湾战争中，美国海军曾派出 2 艘"洛杉矶"级潜艇参战，并发射了上百枚"战斧"巡航导弹攻击伊拉克陆地上的军事设施，这也是美国攻击型核潜艇首次进行对陆攻击。

十秒速识

"洛杉矶"级潜艇的耐压壳体轮廓低矮，艇壳轮廓过渡圆滑，由艇首至艇尾逐渐收缩至水线处。指挥塔围壳较窄，前后缘垂直，位于艇身中部较前位置。

美国"海狼"级攻击型核潜艇

"海狼"级潜艇(Seawolf Class Submarine)是美国于20世纪80年代研制的一款攻击型核潜艇,静音性能较佳。由于设计变更以及通货膨胀,"海狼"级三号艇"卡特"号的造价高达32亿美元,比前两艘"海狼"级潜艇的20多亿美元又大幅攀升,是截至2017年全世界最昂贵的攻击型核潜艇。

研发历史

"海狼"级潜艇是依据冷战末期美国海军"前进战略"的需求而设计的,其目的是建造一种在21世纪初期能在各大洋(包括北冰洋)对抗任何苏联现有与未来核潜艇,并取得制海权的攻击型核潜艇。

基本参数	
潜航排水量	9142 吨
全长	107.6 米
全宽	12.2 米
吃水	10.7 米
潜航速度	35 节
潜航深度	610 米
艇员人数	140 人

美国海军计划将其前进部署于靠近苏联的海域遂行作战,并且格外强调武器装载量、持续作战能力与静音能力,以便增加在苏联势力范围内的存活概率以及胜算,并延长在这种目标极多的海域内作业的时间,减少为了补充弹药物资而穿越苏联海上防线的次数。该计划被称为21世纪攻击型核潜艇(SSN-21),产物就是"海狼"级。

美国海军原本预计建造29艘"海狼"级以取代早期型"洛杉矶"级潜艇,在1989年估计全部需要336亿美元,平均每艘高达11.58亿美元,以当时而言简直是天价。加上时逢苏联解体，美国便于 1992 年决定除了头两艘之外，后续 27 艘"海狼"级的建造计划全部取消。1995 年，美国政府又批准了第三艘"海狼"级的建造。3 艘"海狼"级潜艇分别命名为"海狼"号（SSN-21）、"康涅狄格"号（SSN-22）和"吉米·卡特"号（SSN-23），其中"海狼"号于 1997 年 7 月开始服役。截至 2017 年 5 月，该级艇仍全部在役。

"吉米·卡特"号的下水仪式

艇体构造

"海狼"级潜艇的艇体相比"洛杉矶"级潜艇短而胖，潜航排水量大幅增加至 9000 吨以上，是美国海军体型最大的攻击型核潜艇。"海狼"级沿用与"洛杉矶"级潜艇类似的简化型水滴艇体（首尾轮廓为水滴形，中段舰体为单纯的平行管状构造），其舰壳表面力求光滑简洁并尽量减少突出物。可伸缩的首平衡翼位于舰首而非帆罩上，帆罩结构经过强化，有足够的能力突破北极海薄冰层。以往的美国核潜艇都采用十字形舰尾控制翼，而"海狼"级则采用新的六片式尾翼，多出来的两片翼面位于两侧水平翼面与底部垂直翼面之间，倾斜朝下，作为拖曳声呐的施放口。

"海狼"级潜艇采用模块化方式建造，其外壳与内部结构、机件设备都分成固定的单位，在进行回厂大修时，不必再像以往的潜艇般地大费周章，或担心压力壳切割不当，而且进行性能提升时也变得比较方便简易。由于艇壳采用 HY-00 高强度钢，"海狼"级潜艇的下潜深度达到了 610 米。

主要武器

"海狼"级潜艇在设计上堪称潜艇进行反潜作战的极致产物,能长时间在大洋或靠近苏联的近海进行反潜巡逻,拥有绝佳的声呐感测能力,并配备比"洛杉矶"级潜艇多一倍的鱼雷管和鱼雷,可以长时间进行反潜作业。该级艇装有8座660毫米鱼雷发射管,可配装50枚Mk 48鱼雷(或"战斧"导弹、"鱼叉"导弹),也可换为100枚水雷。"海狼"级潜艇能够用极为安静的方式在水下以20节的速度航行,除了使"海狼"级潜艇更难被侦测到外,也不会因潜艇本身的噪音影响搜寻。

电子设备

"海狼"级配备先进的声呐与电子系统,最主要的为AN/BQQ-5D整合式声呐套件,包括舰首主/被动球形阵列声呐(音鼓直径高达6米,远大于"洛杉矶"级潜艇 BQS-13 球形阵列声呐的 4.6 米)、位于舰身两侧的 AN/BQG-5 宽孔被动阵列声呐以及 TB-16 和 TB-23 被动式拖曳阵列声呐。此外,舰首还有 1 部 AB/BQS-24 高频近距离主动声呐,用于冰下环境以及水雷侦测。之后,AN/BQQ-5D 套件被升级为 AN/BQQ-5E 套件,以更长的 TB-29 拖曳阵列声呐取代了 TB-23。

重要事件

"海狼"级潜艇的命名与编号严重打乱了美国海军的命名规则,首艇打破了自"洛杉矶"级潜艇启用的城市命名规则,回归以海洋生物命名的传统。二号舰以康涅狄格州为名,三号舰又以前美国总统吉米·卡特的名字命名。"海狼"级潜艇的舷号也在美国核潜艇舰队独树一帜,SSN-21 原本只是它的计划代号,最后却变成首艇的舷号。"海狼"级潜艇的后继者——"弗吉尼亚"级潜艇的首艇编号(SSN-774)又接上了"洛杉矶"级(最后一艘编号为 SSN-773)。

十秒速识

"海狼"级潜艇的耐压壳体超长,轮廓低矮。艇体由前至后外观特征整体呈圆滑流线型,指挥塔后缘与艇身融合。艇体平坦,至艇尾尾舵处急剧收缩。以往的美国核潜艇都采用十字形舰尾控制翼,而"海狼"级潜艇则采用新的六片式尾翼。

美国"弗吉尼亚"级攻击型核潜艇

"弗吉尼亚"级潜艇(Virginia Class Submarine)是美国海军正在建造的最新一级攻击型核潜艇,首艇于2004年开始服役。该级艇是美国海军第一种同时针对大洋和近海两种功能设计的核潜艇,以执行濒海作战任务为主,同时兼顾大洋作战。

研发历史

1992年,美国取消了"海狼"级攻击型核潜艇的后续建造计划,因为这种潜艇的造价过于昂贵,体积过于庞大。与此同时,美国海军开始筹划另一种排水量、价格均低于"海狼"级潜艇的新一代攻击型核潜艇,作为"海狼"级潜艇的替代方案。该计划的最终产物就是2000年开始建造的"弗吉尼亚"级攻击型核潜艇。

基本参数	
潜航排水量	7900吨
全长	115米
全宽	10米
吃水	10.1米
潜航速度	30节
潜航深度	500米
艇员人数	135人

"弗吉尼亚"级潜艇计划建造48艘,截至2017年5月已有13艘服役,分别是"弗吉尼亚"号(SSN-774)、"得克萨斯"号(SSN-775)、"夏威夷"号(SSN-776)、"北卡罗来纳"号(SSN-777)、"新罕布什尔"号(SSN-778)、"新墨西哥"号(SSN-779)、"密苏里"号(SSN-780)、"加利福尼亚"号(SSN-781)、"密西西比"号(SSN-782)、"明尼苏达"号(SSN-783)、"北达科他"号(SSN-784)、"约翰·沃纳"号(SSN-785)、"伊利诺伊"号(SSN-786)。

第 5 章 潜艇

建造中的"弗吉尼亚"级潜艇

艇体构造

"弗吉尼亚"级潜艇仍然采用圆柱形水滴流线舰体,直径与"洛杉矶"级潜艇相近。由于沿用了许多"海狼"级潜艇的研发成果,许多外形特征如前方具有弯角造型的帆罩、舰首伸缩水平翼、两侧各三个宽孔径被动数组声呐的听音数组、六片式尾翼以及尾端水喷射推进器等,都与"海狼"级潜艇一模一样,因此从外观看起来就像"海狼"级潜艇的缩小版。

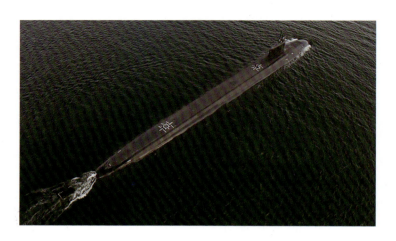

主要武器

"弗吉尼亚"级潜艇装有 1 座十二联装导弹垂直发射装置,可使用射程为 2500 千米的对陆攻击型"战斧"巡航导弹,能够对陆地纵深目标实施打击。该级艇还安装了 4 座 533 毫米鱼雷发射管,发射管具有涡轮气压系统,解决了发射前需要注水而产生噪音的弊端。这 4 具鱼雷发射管不但可以发射 Mk 48 型鱼雷、"鱼叉"反舰导弹以及布放水雷,还可以发射、回收水下无人驾驶遥控装置以及无人飞行器。

"弗吉尼亚"级潜艇的指挥塔特写

电子设备

"弗吉尼亚"级潜艇配备了两种拖曳线列阵声呐,即粗线的 TB-16D 和细线的 TB-29A,前者的收放时间更短、拖曳航速更高,后者接收频率低、探测范围大,但收放时间较长、拖曳航速较低,声传感器受水流噪音的影响较大。"弗吉尼亚"级潜艇的 BQQ-10 首部综合声呐采用了大型球首基阵,两侧艇体上分布着 BQG-5A 宽孔径被动测距声呐。该级艇还划时代地采用了 2 具科尔摩根 BVS-1 光电桅杆,取代了传统的光学、光电潜望镜。这种光电桅杆可以避免在耐压艇体上开立连续的大口径开口,对于保证耐压艇体强度,节省艇体设计、建造成本都有很大好处。

"弗吉尼亚"级潜艇的电脑化鱼雷控制室

重要事件

目前,美国海军工程师正在设计一种新模块——"弗吉尼亚有效载荷模块"(VPM),这种新模块可额外携带 28 枚"战斧"导弹,从而将"弗吉尼亚"级潜艇携带"战斧"导弹的数量从 12 枚提高到 40 枚。这种模块预计于 2019 财年进入实际生产阶段。

十秒速识

"弗吉尼亚"级潜艇的艇体带有消音涂层,耐压壳体超长,轮廓低矮,艇体由前至后外观特征整体呈圆滑流线型,与"海狼"级相似,指挥塔围壳后缘较窄。

美国"俄亥俄"级弹道导弹核潜艇

"俄亥俄"级潜艇(Ohio Class Submarine)是美国海军装备的第四代弹道导弹核潜艇,一共建造了18艘。该级艇是美国核威慑的重要力量,目前仍作为弹道导弹潜艇用途的14艘潜艇所携带的战略核弹头数量约占美国核弹头总数的50%。

研发历史

1967年,美国制订了"水下远程导弹系统"(ULMS)计划。1972年年初,ULMS-Ⅰ型导弹研制成功,命名为"三叉戟"Ⅰ型导弹。同时,美国开始发展新型弹道导弹潜艇以供"三叉戟"导弹使用,

基本参数	
潜航排水量	18750吨
全长	170米
全宽	13米
吃水	11.8米
潜航速度	20节
潜航深度	240米
艇员人数	155人

"俄亥俄"级潜艇的建造计划因此浮出水面。该级艇一共建造了18艘,截至2017年5月仍全部在役。

"俄亥俄"级潜艇分别命名为"俄亥俄"号(SSGN-726)、"密歇根"号(SSGN-727)、"佛罗里达"号(SSGN-728)、"佐治亚"号(SSGN-729)、"亨利·杰克逊"号(SSBN-730)、"亚拉巴马"号(SSBN-731)、"阿拉斯加"号(SSBN-732)、"内华达"号(SSBN-733)、"田

纳西"号（SSBN-734）、"宾夕法尼亚"号（SSBN-735）、"西弗吉尼亚"号（SSBN-736）、"肯塔基"号（SSBN-737）、"马里兰"号（SSBN-738）、"内布拉斯加"号（SSBN-739）、"罗得岛"号（SSBN-740）、"缅因"号（SSBN-741）、"怀俄明"号（SSBN-742）和"路易斯安那"号（SSBN-743）。其中，"俄亥俄"号于1976年4月开工，1979年4月下水，1981年11月开始服役。

改装中的"俄亥俄"级潜艇

艇体构造

"俄亥俄"级潜艇是美国海军建造过的最大型的潜艇，其排水量和体积在全球范围内仅次于俄罗斯"台风"级潜艇（俄罗斯"北风之神"级潜艇的潜航排水量大于"俄亥俄"级潜艇，但是水上排水量则较小）。"俄亥俄"级潜艇为单壳型舰体，外形近似于水滴形，长宽比为13∶1。舰体首尾部是非耐压壳体，中部为耐压壳体。耐压壳体从舰首到舰尾依次分为指挥舱、导弹舱、反应堆舱和主辅机舱四个大舱。其中指挥舱分上、中、下三层，上层包括指挥室、无线电室和航海仪器室。中层前部为生活舱，后部为导弹指挥室。下层布置4具鱼雷发射管。

主要武器

"俄亥俄"级潜艇设有24具导弹垂直发射装置，最初发射"三叉戟"Ⅰ

型导弹,后升级为"三叉戟"Ⅱ型导弹。被改装成巡航导弹核潜艇的4艘"俄亥俄"级潜艇,则改用"战斧"常规巡航导弹。除导弹外,各艇另有4座533毫米鱼雷发射管,可携带12枚Mk 48多用途线导鱼雷,用于攻击潜艇或水面舰艇。

"俄亥俄"级潜艇导弹垂直发射装置的外部特写

电子设备

"俄亥俄"级潜艇的声呐系统比较先进,美国海军以往的"拉斐特"级弹道导弹核潜艇的声呐系统较为简陋,体积较小,因此鱼雷管可以置于舰首。而"俄亥俄"级潜艇则如同美国海军攻击型核潜艇一般拥有艇首大型球形声呐,鱼雷管被挤到艇身底侧。"俄亥俄"级潜艇使用的BQQ-6声呐系统除了省略艇首球形阵列声呐的主动拍发功能(仍保留听音阵列)之外,其余部件均与同一时期的"洛杉矶"级潜艇的 BQQ-5 声呐系统相当,搭配的计算机为 MK-118 型。

"俄亥俄"级潜艇配备柯尔摩根光学公司的 Type-2F 攻击潜望镜与 Type-15L 搜索潜望镜,其中 Type-15L 的伸缩桅杆左侧装备了 WLR-10 电子截收系统。"俄亥俄"级潜艇的作战中枢为雷神公司的 AN/CCS Mk 2 型作战指挥系统,主要硬件包括 UYK-43 主计算机、UYK-44 中型计算机,其影像工作站以硅谷影像公司的 4D/20 个人信息工作站为基本架构,最多能同时控制 4 枚 Mk 48 鱼雷接战。

"俄亥俄"级潜艇的声呐控制室

重要事件

冷战结束后,根据美俄达成的削减进攻性战略武器条约,美国战略导弹潜艇的数量将被限制在 14 艘。因此,从 2002 年 11 月起,"俄亥俄"号、"密歇根号"号、"佛罗里达"号和"佐治亚"号陆续被改装为巡航导弹核潜艇。

十秒速识

"俄亥俄"级潜艇的耐压壳体超长,轮廓低矮。艇首向前方急剧倾斜,艇尾斜度较小较长,逐渐延伸至艇尾尾舵处。指挥塔围壳相对较窄小,前后缘垂直,位于艇身前方位置,后缘逐渐与艇身融合。艇身潜水舵修长,位于艇体中部。

俄罗斯"亚森"级攻击型核潜艇

"亚森"级潜艇(Yasen Class Submarine)是俄罗斯海军在苏联解体后研制并装备的第一种攻击型核潜艇,未来20年内,它将和"北风之神"级潜艇一起,构成俄罗斯海军力量的核心。

研发历史

由于"阿库拉"级潜艇的设计目的是用于深海作战,在浅海作战有些力不从心。为此,俄罗斯海军便决定研制一种能够和美国最先进的"弗吉尼亚"级潜艇、"海狼"级潜艇对抗的核潜艇,"亚森"级潜艇由此而生。

基本参数	
潜航排水量	13800 吨
全长	120 米
全宽	15 米
吃水	8.4 米
潜航速度	28 节
潜航深度	600 米
艇员人数	90 人

"亚森"级潜艇计划建造12艘,首艇"北德文斯克"号(K-560)于1993年12月开工,2010年6月下水,2013年12月开始服役。截至2017年5月,二号艇"喀山"号(K-561)已经下水,三号艇至七号艇("新西伯利亚"号、"克拉斯诺雅茨克"号、"阿尔汉格尔斯克"号、"彼尔姆"号、"乌里扬诺夫斯克"号)也已开工建造。

艇体构造

"亚森"级潜艇的艇体采用高性能的双壳体结构,潜艇内分7个舱室布置,分别是指挥舱、巡航导弹舱、鱼雷舱、居住舱、反应堆舱、主机舱和尾部舱。该潜艇的储备浮力极佳,指挥舱内还设有能容纳全体乘员的救生室,以便在出现事故或者战损时使用。

"亚森"级潜艇还铺设了新型消声瓦,这种消声瓦为俄罗斯最新一代消声瓦,厚约80~150厘米,长宽为90~85厘米,由合成橡胶制成,结构为两层,外层为实心固体,内层设置了各种尺寸与形状的孔洞。这种消声瓦既能吸收敌方主动声呐的探测声波,又能隔绝和降低噪声(降低20分贝以上)。为了降低艇内部的噪声,艇上的机械设备都经过严格挑选,尽量采用低噪声设备,并给噪声强的设备上加装隔声罩、消音器和设立隔声室。

"亚森"级潜艇的指挥塔特写

主要武器

与以往的俄罗斯核潜艇相比,"亚森"级潜艇具有更强大的火力、更强大的机动性和更高的隐蔽性。"亚森"级潜艇在艇首装备了8座650毫米鱼雷发射管和2座533毫米鱼雷发射管,可以发射65型鱼雷、53型鱼雷、SS-N-15反潜导弹等武器。此外,该艇还在指挥台围壳后面的巡航导弹舱布置了1座八联装导弹垂直发射装置,用于发射SS-N-27巡航导弹。

电子设备

"亚森"级潜艇的综合声呐系统为"阿亚克斯"系统,其有效作用距离远达 100 千米,而且还能适应多种水声环境,其搜索能力极强。"阿亚克斯"系统包括艇首球阵主/被动搜索与攻击低频声呐、甚低频拖线阵声呐以及低频舷侧阵声呐。此外,"亚森"级潜艇还装有测冰仪、测深仪、探雷和通信声呐等设备。

重要事件

2010 年 6 月 15 日,时任俄罗斯总统的梅德韦杰夫在北德文斯克市参加了"北德文斯克"号潜艇的下水仪式,他表示"亚森"级潜艇将加强俄罗斯海军水下力量及防御能力,强化俄罗斯海军的地位。

十秒速识

"亚森"级潜艇是俄罗斯首级装备球形声呐的潜艇,由于其大尺寸的球形体积,鱼雷管略为倾斜。舰体中部有八联装 CM-346 导弹垂直发射装置。

俄罗斯"德尔塔"级弹道导弹核潜艇

"德尔塔"级潜艇(Delta Class Submarine)是苏联建造的第二代弹道导弹核潜艇,是"德尔塔"Ⅰ~Ⅳ级弹道导弹核潜艇的总称。它由红宝石设计局设计,前两级已全部退役,Ⅲ、Ⅳ级依然是俄罗斯海军的主力潜艇。

研发历史

由于"德尔塔"出现了4种外形相似,但又各有不同的艇型,这让北约为"德尔塔"级潜艇命名时颇感无奈。最终,北约武器系统命名小组将它们统称为"德尔塔"级,4个艇型则分别命名为"德尔塔"Ⅰ~Ⅳ级,Ⅰ级首艇于1972年开始服役。

目前,"德尔塔"Ⅰ级(共18艘)和"德尔塔"Ⅱ级(共4艘)已全部退役,"德尔塔"Ⅲ(共14艘、4艘现役)、Ⅳ级仍然属于现役潜艇。其中"德尔塔"Ⅳ级是俄罗斯弹道导弹潜艇中出勤率和妥善率最高的艇级,共建造7艘,6艘为现役并参与战略任务。

基本参数	
潜航排水量	19000 吨
全长	167 米
全宽	12 米
吃水	9 米
潜航速度	24 节
潜航深度	400 米
艇员人数	130 人

第 5 章 潜艇

"德尔塔"II 级潜艇

艇体构造

总体设计上,"德尔塔"IV 级与前三级大致相同,都使用了苏联潜艇普遍使用的双壳体结构,在指挥围壳上安装了水平舵。在没有纵向倾斜的情况下,这种水平舵可以让潜艇更容易下沉。与前三级相比,"德尔塔"IV 级进一步减少了噪音,该艇轮机舱处于独立声音屏蔽舱中,而整个动力区(轮机部和核反应堆)都安装了消声器,在非耐压艇体上使用了流线型外形,以使螺旋桨水流更加均匀以降低工噪。

"德尔塔"IV 级潜艇

主要武器

"德尔塔"Ⅳ级装备16发P-29PM潜射弹道导弹,装载在D-9PM型发射筒内。P-29RM是苏联设计的最后一型液体燃料潜射弹道导弹。这种导弹可以装备3发爆炸当量为0.25兆吨的核弹头或7个爆炸当量为0.1兆吨的核弹头。该级潜艇还可以使用SS-N-15"海星"反舰导弹,这种导弹速度为200节,射程为45千米,可以装配核弹头。"德尔塔"Ⅳ级可以在6~7节、55米深度的情况下连续发射出所有的导弹,并且可以在任何航向下以及一定的纵向倾斜角度下发射导弹。"德尔塔"Ⅳ级还装备了4座533毫米鱼雷发射管,可以发射多种鱼雷,另外还安置了自动鱼雷装填系统,以减少鱼雷发射间隔从而提高自卫能力。

"德尔塔"Ⅳ级潜艇侧前方视角

电子设备

"德尔塔"Ⅳ级装备了"瑟尤斯"(Shlyuz)导航系统,比"德尔塔"前三级的导航系统更精准,系统使用的漂浮式拖曳天线为"大鲱鱼"型。声呐系统为"鳐鱼"系列中的一种(鳐鱼系列是苏/俄目前最先进的声呐基阵系列)。在"德尔塔"Ⅳ级的尾部垂直稳定舵的导流罩中安置了拖曳声呐基阵的收放装置。火控系统方面,"德尔塔"Ⅳ级使用专为其研制的"公共马车"战斗指挥系统,这个系统用于处理除弹道导弹以外所有的战斗数据和鱼雷火控。

"德尔塔"Ⅳ级潜艇尾部视角

重要事件

1998年7月7日,"德尔塔"Ⅳ级K-407号发射运载火箭"无风-1"型,搭载2枚德国的人造卫星并成功发射至近地轨道。这是世界上第一次由水下发射运载火箭搭载人造卫星进入近地轨道。

港口中的"德尔塔"Ⅳ级潜艇

十秒速识

"德尔塔"级潜艇拥有圆钝形低矮艇首,指挥塔围壳轮廓低矮,位于艇体前端。大型潜水舵位于指挥塔围壳前缘,中等高度位置。特点鲜明的大型突出状平顶导弹发射舱位于指挥塔围壳后方,前缘与指挥塔围壳融合。导弹舱径直延伸至艇尾方向,长度约占整个艇体一半,末端与艇尾融合。

"德尔塔"Ⅳ级潜艇在北极海域

俄罗斯"台风"级弹道导弹核潜艇

"台风"级潜艇(Typhoon Class Submarine)是苏联设计建造的弹道导弹核潜艇,一共建造了6艘,截至2017年5月仍有1艘在俄罗斯海军服役。该潜艇是人类历史上建造的排水量最大的潜艇,至今仍保持着最大体积和吨位的世界纪录。

研发历史

"台风"级潜艇是典型的"冷战"时期的产物,其设计目的是达到"相互保证毁灭原则"。"台风"级潜艇原计划建造8艘,最终建成了6艘(舷号分别为TK-208、TK-202、TK-12、TK-13、TK-17、TK-20),整个建造计划在1989年全部完成。其中,首艇于1977年开工建造,1980年9月下水,1981年12月正式服役。六号艇于1987年1月6日开工建造,1988年6月下水,1989年9月正式服役。

苏联解体后,俄罗斯海军因经费问题而无法维持"台风"级潜艇的运作,

基本参数	
潜航排水量	48000 吨
全长	171.5 米
全宽	25 米
吃水	17 米
潜航速度	25 节
潜航深度	500 米
艇员人数	160 人

相继有3艘被拆解。截至2017年5月，"台风"级潜艇只剩下1艘在役，还有2艘退役后储备在北方舰队。

艇体构造

"台风"级潜艇最独特的设计是"非典型双壳体"，即导弹发射筒为单壳体，其他部分为双壳体。导弹发射筒夹在双壳耐压艇体之间，可避免出现"龟背"而增大航行的阻力和噪音，并节约建造费用。该级艇共有19个舱室，从横剖面看呈"品"字形布设，主耐压艇体、耐压中央舱段和鱼雷舱采用钛合金材料，其余部分都采用消磁高强度钢材。在非耐压艇体外表面敷设有一种专用橡胶水声消声瓦，以提高潜艇的隐蔽性。"台风"级潜艇在遭受普通鱼雷攻击时，大部分的鱼雷爆炸力会被双壳体的耐压舱和壳体外的水吸收，从而保护艇体。

"台风"级潜艇首部特写

主要武器

"台风"级潜艇的体积几乎是美国"俄亥俄"级潜艇的两倍,但是核弹投射能力略逊于后者。不过,得益于其庞大的船舱容积,"台风"级潜艇可以让水兵舒服地在敌人附近海域枕戈待旦较长时间。

"台风"级潜艇设有1座二十联装导弹发射管、2座533毫米鱼雷发射管、4座650毫米鱼雷发射管,可发射SS-N-16反潜导弹、SS-N-15反潜导弹、SS-N-20弹道导弹以及常规鱼雷和"风暴"空泡鱼雷等。其中,SS-N-20导弹是三级推进式潜射洲际弹道导弹,采用固体燃料,发射重量90吨,可携带10个分弹头,射程8300千米,圆概率偏差500米。"台风"级潜艇可以同时发射2枚SS-N-20弹道导弹,这在弹道导弹潜艇中是极为罕见的。

电子设备

"台风"级潜艇使用了"鲍托尔–941"综合导航系统、"公共马车"型指挥系统、"闪电–MC"型通信系统、"暴风雪"型雷达系统和用于观察艇外状况的MTK–110型电视系统。其中"鲍托尔–941"型综合导航系统是专门为"台风"级潜艇设计的,整合了"德尔塔"IV级潜艇使用的"交响乐"卫星导航系统。

重要事件

目前,"台风"级潜艇只剩首艇"德米特里·东斯科伊"号(TK–208)仍在服役。不过,该艇已不再进行战略巡逻任务,仅作为"布拉瓦"导弹的试射平台。

第5章 潜艇

港口中的"台风"级潜艇(左)和"阿库拉"级潜艇(右)

十秒速识

"台风"级潜艇是目前体积最大的潜艇,拥有圆钝牛鼻形艇首,大型圆柱形艇壳。平顶式艇体,流线型指挥塔围壳位于艇体中后部,前缘顶部有舷窗。指挥塔围壳轮廓相对较低矮,顶部结构较大,外观圆滑,与艇身融合。指挥塔围壳前缘轮廓垂直,后缘略倾。超大型尾舵是"台风"级潜艇最不容易混淆的识别特征。

243

俄罗斯"北风之神"级弹道导弹核潜艇

"北风之神"级潜艇(Borei Class Submarine)是俄罗斯设计建造的新一代弹道导弹核潜艇,能够替代体积庞大、效费比不高的"台风"级潜艇承担战略核反击的重任,其机动性更好、信息化程度也更高。

研发历史

"北风之神"级潜艇是"德尔塔"级核潜艇和"台风"级核潜艇的后继型,由俄罗斯红宝石设计局设计。"北风之神"意为希腊神话中的北风之神,俄方代号为955级(原为935级),俄罗斯称其为"水下核巡洋舰"。该级艇的性能远超俄罗斯其他现役弹道导弹核潜艇,充分表现出俄罗斯高超的潜艇制造技术。

基本参数	
潜航排水量	17000 吨
全长	170 米
全宽	13 米
吃水	10 米
潜航速度	27 节
潜航深度	450 米
艇员人数	107 人

"北风之神"级潜艇计划建造10艘,截至2017年5月,已有3艘开始服役,即"尤里·多尔戈鲁基"号(K-535)、"亚历山大·涅夫斯基"号(K-550)和"弗拉基米尔·莫诺马赫"号(K-551)。其中,"尤里·多尔戈鲁基"号于1996年12月开工,2008年2月下水,2013年1月开始服役。此外,四号艇也计划在2017年内入役,五号艇到八号艇都已开工建造。

第 5 章　潜艇

港口中的"亚历山大·涅夫斯基"号

艇体构造

"北风之神"级潜艇选择了近似拉长水滴形的流线造型,能够在保证水下高航速的同时,降低外壳和水流的摩擦,从而降低噪音,减少被敌方声呐系统发现的概率。"北风之神"级潜艇的表面专门铺设了一层厚达 150 毫米的高效消声瓦,主机等主要噪音源也安装了减震基座和隔音罩。

"北风之神"级弹道导弹核潜艇的主动力装置为双座压水反应堆和汽轮机,采用双轴推进。其压水反应堆也是台风级的主动力装置,其最大功率为 380 兆瓦,而汽轮机的最大输出功率为 74570 千瓦,如此强劲的动力装置使得"北风之神"的最大水下航速达到了 27 节,其水下机动性能超过了美国的"俄亥俄"级弹道导弹核潜艇。此外,该艇还装有 2 个低噪音推进电动机,主要用于水下低航速时安静前行。

主要武器

"北风之神"级潜艇装有 1 座十六联装导弹发射装置,可发射 SS-N-32 弹道导弹(苏联代号为 R-30 "圆锤")。这种导弹是以"白杨 M"陆基洲际弹道导弹为基础发展而来,可携带 10 个分导式多弹头,最大射程 8300 千米。常规自卫武器方面,"北风之神"级潜艇装备了 6 座 533 毫米鱼雷发射管,可发射 SS-N-15 反潜导弹、SA-N-8 防空导弹和鱼雷等武器,自身防卫作战能力极为强悍。此外,还计划配备速度达 200 节的"暴风"高速鱼雷,这种鱼雷不仅能有效地反潜,而且还能反鱼雷。

电子设备

俄罗斯设计人员在"北风之神"级潜艇的电子作战系统上下了很大功夫,大大缩小了与西方先进水平的差距。该级艇广泛使用了现代电子设备,其内部采用全数字化电子设备和平板显示器。艇上还安装了"公共马车"型作战控制指挥系统和"斯卡特"综合声呐系统,后者包括艇首声呐、舷侧声呐和拖曳线列阵声呐。由于整艘潜艇设备自动化程度大幅提升,艇员人数也随之削减。同时,自动化、数字化也让潜艇的自主巡航时间扩大到 100 个昼夜,可实现对目标发动突袭。

第 5 章 潜艇

重要事件

2014年11月28日,"北风之神"级潜艇"亚历山大·涅夫斯基"号在北极巴伦支海成功试射了1枚SS-N-32洲际弹道导弹。该导弹从水下潜射升空后参数正常,目标控制数据显示,导弹弹头成功抵达堪察加半岛的库拉试验场。

十秒速识

"北风之神"级潜艇的艇体采用近似拉长水滴形的流线造型是,艇体表面有消声瓦,指挥台围壳之后装有16具导弹发射筒。

俄罗斯"基洛"级常规潜艇

"基洛"级潜艇（Kilo Class Submarine）是苏联时期设计建造的常规潜艇，以火力强大、噪音小而闻名。目前，"基洛"级潜艇是俄罗斯出口量最大的潜艇，同时仍是俄罗斯海军的主力常规潜艇。

研发历史

自苏联成功研制核潜艇后，对于常规潜艇的研究也相对减少了不少，而"基洛"级潜艇则是苏联在这一时期研制的最成功的常规潜艇。1974年，苏联红宝石设计局开始设计"基洛"级潜艇，首艇于1980年开始服役。后期的"基洛"级改进型成为柴电动力潜艇中的佼佼者，其静音效果在世界柴电动力潜艇中首屈一指。除苏联和俄罗斯海军大量装备之外，"基洛"级潜艇还是国际武器市场的常客，波兰、罗马尼亚、印度、伊朗、越南和阿尔及利亚等国均有采用。

21世纪初，俄罗斯海军推出了新的"拉达"级常规动力潜艇，但其建造测试工作极不顺利，首艇"圣彼得堡"号开工后13年才得以服役，且仍有许多问题迟迟无法解决。为此，俄罗斯不得不设法延长现役"基洛"级潜艇的服役期，甚至开始新造改进型的"基洛"级潜艇。截至2017年5月，"基洛"级潜艇一共建成了70艘，其中现役潜艇有59艘。

基本参数	
潜航排水量	3076吨
全长	74米
全宽	9.9米
吃水	6.5米
潜航速度	20节
潜航深度	300米
艇员人数	52人

第 5 章 潜艇

波兰海军装备的"基洛"级潜艇

艇体构造

"基洛"级潜艇采用光滑水滴形艇体,这在苏制常规潜艇中极为少见。该级艇外表短粗,是经过精密计算的最佳降噪形态。艇体为双壳体结构,分为 6 个耐压舱,储备浮力为 30%,任何一个舱位破损都能保持不沉。潜艇外壳嵌满了塑胶消音瓦,以吸收噪音并衰减敌方主动声呐的声波反射。

"基洛"级的动力装置包括 2 台柴电机组,1 台推进电机和 1 台经济巡航电机。推进系统为单轴六叶低噪声桨,是俄罗斯常规潜艇中唯一一型采用这种驱动方式的。柴电机组可在水面及通气管状态下工作。艇上蓄电池为两组二型铅酸电池组,每组 120 块,可以提供水下最大航速约 20 节或最大续航距离超过 400 海里的电能。

"基洛"级潜艇首部视角

主要武器

"基洛"级潜艇的艇首设有6座533毫米鱼雷发射管,可发射53型鱼雷、SET-53M鱼雷、SAET-60M鱼雷、SET-65鱼雷、71系列线导鱼雷等,改进型和印度出口型还可以通过鱼雷管发射"俱乐部S"潜射反舰导弹。"基洛"级艇内共配备18枚鱼雷,并有快速装雷系统。6座鱼雷发射管可在15秒内完成射击,两分钟后再装填完毕,以实施第二轮打击。

电子设备

"基洛"级潜艇拥有新型整合式潜艇战斗系统,由 LAMA-EKM 多功能指挥控制系统、OMNIBOMNIBUS-E 多功能指挥管制及显示系统组成。其中,LAMA-EKM 整合了艇上的导航、声呐、雷达、潜航深度测量、机械控制、电力轮机管理等不同功能,其整合讯息显示系统能同时处理 50 个目标,追踪其中的 10 个,一次导控最多 4 枚鱼雷攻击其中 1~2 个目标,整个射控计算只需 3 秒便能完成。声呐系统方面,"基洛"级潜艇配备了 MGK-400EM 数位化声呐系统、MG-519EM 高频主动避雷声呐。

重要事件

2008 年 1 月 10 日,印度海军装备的"基洛"级潜艇"海洋之吼"号(S55)在孟买附近浮航时与一艘货船发生碰撞意外,导致帆罩受损,被迫停役 1 个月进行整修;2013 年 8 月 14 日,印度海军装备的"基洛"级潜艇"辛杜拉克沙克"号(S63)在孟买停泊时,发生爆炸起火,随后沉没。事故中,大量官兵跳艇逃生,但仍有 18 人被困。

十秒速识

"基洛"级潜艇采用水滴形舰体,外观相当宽阔圆润,前水平舵位于舰首,尾部控制面包括一对水平尾舵以及下方一面垂直方向舵,但没有上方的垂直舵面。

俄罗斯"拉达"级常规潜艇

"拉达"级潜艇（Lada Class Submarine）是俄罗斯在苏联解体后研制的第一级柴电动力潜艇，北约代号为"圣彼得堡"级。该级艇是俄罗斯第四代柴电动力潜艇，较"基洛"级潜艇有较大的发展，俄罗斯官方称"拉达"级潜艇比"基洛"级潜艇更加安静。

研发历史

"拉达"级潜艇的研制工作可追溯到20世纪80年代末。1989年，苏联海军授予红宝石设计局一份合同，委托其负责设计新的第四代常规潜艇。之后由于苏联解体，俄罗斯国内需求大大减少，为了生存，红宝石设计局把目光投向国外，

基本参数	
潜航排水量	2700吨
全长	72米
全宽	7.1米
吃水	6.5米
潜航速度	21节
潜航深度	600米
艇员人数	38人

希望能在国际市场上找到买家。基于这种想法，根据不同用户需求，红宝石设计局最终完成了"拉达"级潜艇家族（出口型称"阿穆尔"级潜艇）的设计工作，以标准排水量的不同分别命名为550型、750型、950型、1450型、1650型和1850型，这是俄罗斯潜艇发展史上的第一次。

"拉达"级潜艇首艇"圣彼得堡"号（B-585）于2005年11月29日下水进行试航，在2009年经过一系列测试后，俄罗斯军方于2011年11月宣布"拉达"级潜艇远不能达到要求，因此不准备接收，已建成的首艇用作试验平台用，后续艇"喀琅施塔得"号（B-586）和"塞瓦斯托波尔"号的建造都被冻结，直到2013年才恢复建造，而"塞瓦斯托波尔"号也被

更名为"大卢基"号（B-587）。截至2017年5月，仅有"圣彼得堡"号开始服役。

建造中的"拉达"级潜艇

艇体构造

俄罗斯科研人员和设计师在"拉达"级潜艇的研制过程中运用了大量最新的科技成果，使其综合作战效能达到了世界领先水平。"拉达"级潜艇吸收了"基洛"级潜艇的技术和经验，它选用了更多专门研制的低噪声、低振动设备，大大减少了振动噪声源。如设备的安装大量地采用了浮筏减震降噪装置，艇内各种管路广泛采用了挠性连管、消声扩散器、阻尼橡胶层、阻尼支承和吊架、套袖式复合橡胶管等减震隔声装置。

"拉达"级潜艇采用了水滴形流线艇体，推进装置采用了7叶大侧斜低噪声螺旋桨并改进了推进轴。艇体外加装了消声瓦，覆盖了消声涂层。所有型号的"拉达"级潜艇均采用相同的设计和整体布局，使用统一的设备，主要差别在于潜艇的外形尺寸不同以及由此带来的潜艇武备数量、海上自持力、续航力及艇员编制上的差异。由于"拉达"级潜艇采用模块化设计，可根据不同需要建造相应吨位的潜艇，因此具有较高的性价比。

"拉达"潜艇正在海试

主要武器

"拉达"潜艇装有 6 具 533 毫米鱼雷发射管，可用来发射"俱乐部" N 反舰导弹、改进型 SET-80 反潜反舰两用鱼雷、SS-N-15 反潜导弹和 SS-N-16 反舰导弹，所备导弹或鱼雷共 18 枚。如果用户需要，还可配备俄罗斯最新研制的"暴风雪"超高速鱼雷。它的发射装置具有单射和齐射组合功能，首次 2 枚鱼雷齐射的准备时间只需几秒钟。"拉达"潜艇可携带水雷，设有外挂式布雷装置和接口，用于执行布雷任务。对外出口型还可在水平舵后加装一个垂直发射舱，可以容纳 8 具垂直发射管，发射"布拉莫斯"反舰导弹。

电子设备

"拉达"级潜艇在设计上有诸多创新，其中包括 1 套基于现代数据总线技术的自动化指挥和武器控制系统、1 套包含拖曳阵列声呐在内的声呐装置以及"基洛"级潜艇上的降噪技术。作战情报指挥系统采用了新型计算机，处理能力加强，自动化程度高。火控系统能同时解算和攻击 2 个目标，从目标识别到攻击的最短时间只需 15 秒，一次齐射全部鱼雷的时间仅为数分钟。"拉达"级潜艇装有移动式诱饵等多种声对抗防御系统，用于本艇防御。

重要事件

"拉达"级潜艇的出口衍生型为"阿穆尔"级,叙利亚海军与印度海军均有意购买。

十秒速识

"拉达"级潜艇采用水滴形流线艇体,艇体外加装了消声瓦,覆盖了消声涂层。推进装置采用了7叶大侧斜低噪声螺旋桨。

英国"特拉法尔加"级攻击型核潜艇

"特拉法尔加"级潜艇（Trafalgar Class Submarine）是英国第三代攻击型核潜艇，主要使命是反潜和反舰，是英国现阶段攻击型核潜艇的主力。

研发历史

1969年，英国开始建造"敏捷"级攻击型核潜艇，前两艘服役后反响颇佳，随后英国开始研究其后继型。当苏联"阿尔法"级攻击型核潜艇出现后，英国加快了这一计划。1976年年末，英国宣布正式开始研制"特拉法尔加"级攻击型核潜艇。该级艇以西班牙大西洋沿岸的特拉法尔加海角命名，英法两国曾在此展开了19世纪规模最大的一次海战——特拉法尔加海战。

"特拉法尔加"级潜艇一共建造了7艘，分别是"特拉法尔加"号（S107）、"汹涌"号（S87）、"不懈"号（S88）、"岩湾"号（S90）、"锋利"号（S91）、"天才"号（S92）和"凯旋"号（S93）。其中，"特拉法尔加"号于1979年4月开工，1983年5月服役。截至2017年5月，"特拉法尔加"级潜艇仍有4艘在役。

基本参数	
潜航排水量	5208吨
全长	85.4米
全宽	9.8米
吃水	9.5米
潜航速度	32节
潜航深度	600米
艇员人数	130人

艇体构造

"特拉法尔加"级采用长宽比为 8∶7 的水滴线型艇体,接近最佳值 7,有利于提高航速。艇体为单壳体结构,艇壳使用 QN-1 型钢制造,艇体外表面敷设消声瓦。该级艇为艇员提供了舒适的生活条件,居住性好,自持力达 70 天,有利于提高战斗力。"特拉法尔加"级是同期世界上噪声最低的潜艇之一,它在世界上率先采用浮筏减震,首次在潜艇上采用泵喷射推进器,并选用经过淬火的高频硬化齿轮。

"特拉法尔加"级的动力装置比较先进,它装有一台英国自行研制的 PWR-1 型压水堆装置,热功率为 100 兆瓦,采用寿命为 7 年的 Z 型堆芯,换料后可更换寿命为 12 年的 G 型堆芯,续航力随之增至 30 万海里以上。该级艇还备有两台单轴蒸汽轮机,可提供轴功率 18.4 兆瓦,此外还有两台功率 2.09 兆瓦的应急辅助推进柴油发电机组。

主要武器

"特拉法尔加"级潜艇具有反潜、反舰和对陆攻击的全面作战能力,其艇艏装有5具533毫米鱼雷发射管,可发射"战斧"巡航导弹、"鱼叉"反舰导弹、"矛鱼"重型鱼雷和"虎鱼"Mk 24-2型鱼雷,不携带鱼雷时可载50枚Mk 5"石鱼"或Mk 6"海胆"水雷。该级艇的排水量仅为美国"洛杉矶"级攻击型核潜艇的75%,但反潜、反舰能力和对陆攻击能力却与"洛杉矶"级不相上下。

电子设备

"特拉法尔加"级潜艇装有1部凯尔文·休斯1006型或1007型导航雷达、1部英国飞机公司2007AC型或马可尼2072型艇侧被动基阵声呐、1部普莱西2020型或马可尼·普莱西2074型或汤姆逊·辛特拉2076型主/被动艇壳搜索攻击声呐、1部艾温尼斯2026型或弗伦梯2046被动型拖曳搜索声呐、1部汤姆逊·辛特拉2019型或索恩EMI 2082型被动侦听和测距声呐、1部马可尼2077型近距主动测距识别声呐。电子战方面,配备了2座SSE Mk 8型诱饵发射器和2066型鱼雷诱饵。

第 5 章 潜艇

"特拉法尔加"级潜艇指挥塔特写

重要事件

1985年,英国国防部对"特拉法尔加"级潜艇发展计划总投资20亿美元,首艇造价6.71亿美元,其余6艘每艇造价2.46亿美元(1997年价格)。该级艇年度运行经费为1500万美元。2017年年初,英国《太阳报》报道,英国海军的4艘"特拉法尔加"级潜艇已几乎不能使用。

十秒速识

"特拉法尔加"级潜艇的艇体修长低矮,耐压壳体前后端轮廓倾斜。修长突出的声呐整流罩位于指挥塔围壳前缘顶部,指挥塔围壳位于艇体中部略前位置,前后缘垂直并与艇体平滑融合。艇尾有大型平顶式尾舵。

英国"机敏"级攻击型核潜艇

"机敏"级潜艇（Astute Class Submarine）是英国正在建造的新一代攻击型核潜艇，计划建造7艘，截至2017年5月共有3艘建成服役。未来，"机敏"级潜艇将逐渐取代"敏捷"级潜艇和"特拉法尔加"级潜艇，成为英国的主要水下力量。

研发历史

为了取代"敏捷"级攻击型核潜艇和"特拉法尔加"级攻击型核潜艇，英国海军早在20世纪80年代末期便已开始规划新一代的攻击型核潜艇。1994年7月，英国国防部对国内相关造舰厂商下达

基本参数	
潜航排水量	7800吨
全长	97米
全宽	11.3米
吃水	10米
潜航速度	32节
潜航深度	300米
艇员人数	109人

了新一代攻击型核潜艇的招标书。1997年3月，英国海军正式签署了"机敏"级潜艇的建造合约。

首艇"机敏"号（S119）于2001年1月开工，2007年6月下水，2010年8月开始服役。二号艇"伏击"号（S120）于2013年3月开始服役，三号艇"机警"号（S121）于2016年3月开始服役。四号艇"勇敢"

号（S122）于2017年4月下水，而五号艇"安森"号（S123）、六号艇"阿伽门农"号（S124）和七号艇"阿贾克斯"号（S125）均已开工。

建造中的"机敏"级潜艇

艇体构造

"机敏"级潜艇采用模块化设计，使系统维修升级更加简单，原来需要2～3天才能完成安装的动力系统，只需要5小时左右就可安装完毕。"机敏"级的动力系统独具特点，它率先在核动力系统以外，配备了常规动力备用设备。这主要是为了避免核潜艇在失去动力后，自救无门，甚至造成核灾难事故。

"机敏"级装备1座罗尔斯·罗伊斯公司制造的第二代PWR2型压水核反应堆、新型喷射式推进系统和两台通用电气公司的蒸汽轮机，功率为2.5万马力，采用单推进轴、泵喷推进装置，水下最大航速29节。PWR2核反应堆的设计寿命为25～30年，基本与"机敏"级的服役期相同，所以在潜艇的全寿命期间不需要更换核燃料，可省去昂贵的中期改装费用和数年的停航期。另外，"机敏"级潜艇还装备有两台柴油交流发电机、1台应急发动机和 1 台辅助收缩式推进器。CAE 电子公司提供用于掌舵、下潜、潜水深度控制和平台管理的数字式集成控制和测量仪表系统。

主要武器

"机敏"级潜艇的艇艏装有 6 座 533 毫米鱼雷发射管,可发射"旗鱼"鱼雷、"鱼叉"反舰导弹和"战斧"对陆攻击巡航导弹,鱼雷和导弹的装载总量为 38 枚,也可携带水雷作战。总体上,"机敏"级潜艇的武器火力要比"特拉法尔加"级潜艇高出 50%。

电子设备

"机敏"级潜艇以光纤红外热成像摄像机取代了传统潜望镜,它不再保留传统形式的光学潜望镜,取而代之的是两套非壳体穿透型CMO10光电桅杆,包括热成像、微光电视和计算机控制的彩色电视传感器。

重要事件

2007年6月8日,"机敏"号在坎布里亚郡巴鲁因佛奈斯港下水,英国王储查尔斯的妻子、康沃尔公爵夫人卡米拉主持了下水仪式。她弃用了传统的香槟,而选用艇员酿制的啤酒来进行庆祝仪式。

十秒速识

"机敏"级潜艇与"特拉法尔加"级潜艇的轮廓相似,但稍长。平顶式艇体低矮修长,拥有可伸缩的前置艇身潜水舵。指挥塔围壳位于艇体中部略前方位置,指挥塔围壳前缘略倾,后缘倾斜角度略小,并与艇体融合。

英国"前卫"级弹道导弹核潜艇

"前卫"级潜艇（Vanguard Class Submarine）是英国于20世纪80年代设计建造的弹道导弹核潜艇，借鉴了美国"俄亥俄"级潜艇的设计，并采用了英国首创的泵喷射推进技术，有效降低辐射噪声，安静性和隐蔽性尤为出色。在"胜利者"战略轰炸机退役后，"前卫"级潜艇成为英国仅剩的一种核打击平台。

基本参数	
潜航排水量	15900 吨
全长	149.9 米
全宽	12.8 米
吃水	12 米
潜航速度	25 节
潜航深度	350 米
艇员人数	135 人

研发历史

英国一向重视发展海军，积极跟随美国发展核潜艇，并从美国引进核潜艇的关键技术。1982年3月，英国决定向美国购买72枚"三叉戟"Ⅱ型导弹，装备4艘核潜艇。1983年，英国海军与维克斯造船公司签订了新一代核潜艇的建造合同，命名为"前卫"级。

"前卫"级潜艇一共建造了4艘，首艇"前卫"号（S28）于1986年

9月开工，1992年3月下水，1993年8月服役。二号艇"胜利"号（S29）于1987年12月开工，1993年9月下水，1995年1月服役。三号艇"警戒"号（S30）于1991年2月开工，1995年10月下水，1996年11月服役。四号艇"复仇"号（S31）于1993年2月开工，1998年9月下水，1999年11月服役。截至2017年5月，"前卫"级潜艇仍全部在役。

"前卫"级潜艇在港口中休整

艇体构造

"前卫"级潜艇采用水滴形艇体，略显瘦长。该级艇采用艇首水平舵，尾部为十字形尾鳍。艇体结构为单双壳体混合型，有利于降低艇体阻力和提高推进效率。艇体外形光顺，航行阻力较低，并敷有消声瓦。艇内布置有首鱼雷舱、指挥舱、导弹舱、辅机舱、反应堆舱、主机舱6个舱室。"前卫"级潜艇在提高隐身能力方面下了很大功夫，如采用经过淬火处理的变额硬化齿轮、筏式整体减震装置等。此外，艇壳上的流水孔很少，表面光滑，减少了水动力噪声。

主要武器

"前卫"级潜艇装备了从美国引进的"三叉戟"Ⅱ型弹道导弹,一共16枚。每枚导弹可携带8个威力为150kt TNT当量的分导式多弹头,每艘潜艇的弹头数为128个,总威力为19200kt TNT当量。除此之外,"前卫"级潜艇还装有4座533毫米鱼雷发射管,可发射"旗鱼"鱼雷和"鱼叉"反舰导弹。

电子设备

"前卫"级导航系统装备了美国生产的SINS MK2惯性导航系统和静

电陀螺监控器以及导航计算机,为提高"三叉戟"弹道导弹的命中精度,提供更加准确的潜艇定位精度。在水面航行时,"前卫"级潜艇使用1007型导航雷达。它的潜望镜是由巴尔与斯特劳德公司研制的非穿透式潜望镜,包括光电探测头,非穿透壳体桅杆及其液压升降装置和遥控台。该级艇采用了英国专门为它发展的新型2054型多功能综合声呐系统,包括2043型用于搜索和鱼雷射击指挥的主/被动声呐系统,被动拱形舷侧基阵,2082型侦察声呐,2046型拖曳线列阵声呐和3台数字式处理机。

"前卫"级潜艇装备了英国发展的SMCS新型综合战术武器系统和SAFS3FCS战术火控系统,将声呐和作战指挥与控制系统结合在一起,用于指挥鱼雷武器进行自卫攻击。该系统采用分布式数据处理和多功能彩色显控台,信息传输及通信采用双冗余度光纤网络。此外,"前卫"级潜艇装备了多功能综合通信系统,ICS-3型卫星通信和极低频通信系统,保证了潜艇和岸上指挥部的顺利通信。

重要事件

2009年2月初,英国"前卫"号潜艇与法国"凯旋"号潜艇在大西洋相撞,两艘潜艇都载有核弹头。"凯旋"号潜艇的声呐系统严重受损,塔台及侧翼等处有不同程度损坏。英国海军的一位匿名人士称,这是自2007年伊朗扣留15名英国海军士兵以来,英国海军遭遇的最令人尴尬的事件。

十秒速识

"前卫"级潜艇的指挥塔围壳前方艇体倾斜至水线处,指挥塔围壳修长,前缘与艇体融合。艇身潜水舵位于指挥塔围壳与艇首之间中点位置。指挥塔围壳后方独特的大型平顶式艇体在尾部急剧收缩,内部容纳战略导弹发射舱。尾舵为大型圆顶式。

法国"红宝石"级攻击型核潜艇

"红宝石"级潜艇(Rubis Class Submarine)是法国第一代攻击型核潜艇,1976 年开始建造,一共建造了 6 艘,其中最后两艘有较大改进。

研发历史

法国海军于 1954 年开始尝试建造核动力攻击型潜艇,并在 1956 年开始了第一艘核潜艇的建造工作。然而,因美、法两国的政治冲突,美国拒绝提供核反应所需的浓缩铀给法国,法国也不甘示弱,自行研发了使用天然铀的重水核反应炉。不过,这种核反应炉对计划中的潜艇而言太重又过于庞大,因此整个计划不得不中止。

基本参数	
潜航排水量	2600 吨
全长	72.1 米
全宽	7.6 米
吃水	6.4 米
潜航速度	25 节
潜航深度	350 米
艇员人数	70 人

之后,法国全力发展核动力弹道导弹潜艇"果敢"级,而"果敢"级的成功让法国获得不少重要的技术和经验,使法国有能力制造更先进的核反应炉,从而使主机发电系统等的体积大为缩小。最后法国将这种核反应炉安装于"红宝石"级潜艇,成就了该艇"世界上最小的核动力潜艇"的

称号。首艇"红宝石"号（S601）于1983年2月服役，"蓝宝石"号（S602）于1984年7月服役，"卡萨布兰卡"号（S603）于1987年4月服役，"绿宝石"号（S604）于1988年9月服役，"紫水晶"号（S605）于1992年3月服役，"珍珠"号（S606）于1993年7月服役。

建造中的"红宝石"级核潜艇

艇体构造

"红宝石"级核潜艇的小尺寸反应堆很有特点，正是这种小字号反应堆的出现才催生出"红宝石"级潜艇。它采用了"积木式"的一体化设计原理，即反应堆的压力壳、蒸汽发生器和主泵联结成一个整体，反应堆的所有部件都是一个完整的结合体，这就使反应堆具有结构紧凑、系统简单、体积小、重量轻、便于安装调试、可提高轴功率等一系列优点，并有助于采用自然循环冷却方式，以降低潜艇的辐射噪声。另外，法国一贯坚持的电力推进方式也是为了达到降低辐射噪声的目的。

虽然"红宝石"级潜艇的体型很小，但也有小的优势。大型核潜艇在浅水区根本无法使用，而对于排水量不到3000吨的小型核潜艇来说却正好大显身手。法国是地中海沿岸国家，它的海军主要活动在地中海，而这一海域的许多海区都非常适合"红宝石"潜艇一显身手。

主要武器

"红宝石"级潜艇在艇首装有 4 具 533 毫米鱼雷发射管，可发射鱼雷和导弹。鱼雷主要为 F-17 Ⅱ 型和 L-5 Ⅲ 型。F-17 Ⅱ 型为线导、主/被动寻的型鱼雷，40 节时射程 20 千米，战斗部重 250 千克，航深 600 米。L-5 Ⅲ 型为两用鱼雷，主/被动寻的，35 节时射程 9.5 千米，战斗部重 150 千克，航深 550 米。该级潜艇还搭载了 SM-39"飞鱼"潜射反舰导弹，0.9 马赫时射程 50 千米，战斗部重 165 千克。艇上共可携带鱼雷和导弹共 18 枚，在执行布雷任务时则可携带各型水雷。

电子设备

"红宝石"级潜艇装有汤姆森 DRUA33 搜索雷达、DMUX20 被动搜索低频声呐、DUUA2B 主动搜索中频声呐、DUUX-5 被动测距与侦听声呐、DSUV62C 被动拖曳线列阵声呐、DLA3 武器控制系统等电子设备。电子战方面，配备了 ARUR 和 ARUD 电子支援系统。

"红宝石"级潜艇在港口中休整

重要事件

"红宝石"级潜艇前四艘在服役期间都进行了现代化改装，"红宝石"号于 1991—1993 年 2 月进行改装，"蓝宝石"号于 1989—1991 年 7 月进行改装，"卡萨布兰卡"号于 1992—1994 年 6 月进行改装，"绿宝石"号于 1994—1996 年进行改装。

"红宝石"级潜艇和"乔治·莱格"级驱逐舰

十秒速识

"红宝石"级潜艇拥有流线型圆滑艇壳,指挥塔围壳位于艇体中部较前段,前缘垂直,后缘略倾。潜水舵安装于指挥塔围壳前端顶部,艇尾尾舵前缘略倾。

"红宝石"级潜艇编队航行

法国"凯旋"级弹道导弹核潜艇

"凯旋"级潜艇(Triomphant Class Submarine)是法国设计建造的弹道导弹核潜艇,目前是法国海军最重要的核威慑力量,它所配备的M51弹道导弹是法国最新研制的潜射弹道导弹,具有射程远、攻击能力强、突防手段多、抗毁伤能力强、弹头小型化水平高等优点。

研发历史

为替换老旧的弹道导弹核潜艇,法国于1981年7月开始发展"凯旋"级弹道导弹核潜艇。该级艇一共建造了4艘,分别为"凯旋"号(S616)、"勇猛"号(S617)、"警惕"号(S618)和"可怕"号(S619)。其中,"凯旋"号于1989年7月开工,1994年3月下水,1997年3月开始服役。"可怕"号于2000年10月开工,2008年3月下水,2010年9月开始服役。截至2017年5月,"凯旋"级潜艇仍全部在役。

基本参数	
潜航排水量	14335 吨
全长	138 米
全宽	12.5 米
吃水	12.5 米
潜航速度	25 节
潜航深度	400 米
艇员人数	111 人

建造中的"凯旋"级潜艇

艇体构造

"凯旋"级潜艇的艇体为细长水滴形，长宽比为 11∶1，具有光顺的流线型表面。该级艇为单壳结构，耐压壳内布置有鱼雷舱、指挥舱、导弹舱、反应堆舱、主机舱、尾舱等舱室。尾部采用泵喷射推进器，导管内外还敷有消声材料，降低噪声，提高推进效率。艇壳材料采用 HLES-100 高强度钢，下潜深度可达 400 米。

"凯旋"级潜艇采用的 K15 一体化压水堆是"红宝石"级潜艇采用的 CAS48 一体化压水堆的放大型，具有功率大、体积小、重量轻、噪声低、堆芯寿命长的特点。

即将下水的"凯旋"级潜艇

主要武器

"凯旋"级潜艇装有 1 座十六联装导弹发射装置,可发射 M51 弹道导弹。该导弹为三级固体燃料导弹,射程超过 10000 千米,圆概率偏差 300 米。此外,"凯旋"级潜艇还装有 4 座 533 毫米鱼雷发射管,可发射 L5-3 型两用主/被动声自导鱼雷或"飞鱼"SM39 反舰导弹,鱼雷和反舰导弹可混合装载 18 枚。"凯旋"级潜艇装备了法国自行研制的 SGN-3 全球惯性导航系统,可提供精确的潜艇位置,以提高发射 M51 导弹的命中精度。

电子设备

"凯旋"级潜艇装备了法国自行研制的 SGN-3 型全球惯性导航系统,装有高性能的惯性中心,可提供精确的潜艇位置,以提高发射 M51 导弹的命中精度。艇上还装有天文导航、卫星导航等设备。"凯旋"级潜艇装有 DRUA-33 型 I 波段"卡里普索"水面导航和搜索雷达。艇上配有综合通信系统,包括卫星通信、甚低频通信及浮标天线,极低频通信设备等。还装有 ARUR13/DR-3000U 型电子战侦察措施。

"凯旋"级潜艇装备了 DMUX-80 型多功能主/被动艏部和舷侧阵声呐,DUUX-5 型被动低频测距和侦察声呐,DSUV-61 型被动甚低频拖曳线列阵声呐。该级艇装有 SAD 战略数据系统,用于控制 16 枚弹道导弹的数据传输处理和作战指令发布等作战控制功能。另外,还采用了 SAT 战术数据系统和 DLA-4A 武器控制系统,用作控制"飞鱼"反舰导弹和鱼雷武器的火控系统。

第 5 章　潜艇

重要事件

　　M51 弹道导弹从 1988 年起开始研制，1993 年起加大经费投入，2010 年开始列装。"凯旋"级潜艇的四号艇在建造时便安装了 M51 导弹的发射装置，而前三艘则先使用 M45 弹道导弹，2010 年开始加装 M51 导弹的发射装置，升级工作预计在 2018 年完成。

十秒速识

　　"凯旋"级潜艇的指挥塔围壳细长高耸，大型潜水舵位于指挥塔围前缘顶部。圆滑艇壳后方用于安装战略导弹发射筒，指挥塔前缘顶端有小型突出整流罩，艇壳向艇尾方向收缩至平顶式尾舵位置。

德国 214 级常规潜艇

214 级潜艇（Type 214 submarine）是德国在 209 级潜艇的基础上改进而来的新型常规潜艇，配备了"不依赖空气推进"（AIP）系统。该级艇采用模块化设计建造技术，将武器系统、传感器和潜艇平台紧密结合成为一体，适合完成各种使命任务，基本代表了目前常规潜艇的最高技术发展水平。

研发历史

20 世纪 90 年代后期，德国哈德威造船厂采用 209 级潜艇的设计理念，融合了 212 级潜艇的革新性"不依赖空气推进"（Air Independent Propulsion，AIP）技术，设计建造了 214 级潜艇。"不依赖空气推进"是指潜艇水下航行时利用自身携带的氧（通常为液态氧），为热机或电化学发电装置提供燃烧条件，完成能量转换，为潜艇提供推进动力和电能。常规潜艇安装 AIP 系统后，水下续航力成倍增加，噪声指标明显降低，潜艇的作战效能得到显著的提高。

基本参数	
潜航排水量	1980 吨
全长	65 米
全宽	6.3 米
吃水	6 米
潜航速度	20 节
潜航深度	400 米
艇员人数	27 人

截至 2017 年 5 月，214 级潜艇共收到了 23 艘订单，希腊海军（6 艘）、韩国海军（9 艘）、葡萄牙海军（2 艘）和土耳其海军（6 艘）。其中，韩国海军订购的 214 级潜艇于 2007 年 12 月最先入役，而葡萄牙海军和希腊

海军订购的 214 级潜艇分别于 2010 年 5 月和 2010 年 11 月开始服役。截至 2017 年 5 月，各国共有 12 艘 214 级潜艇在役。

建造中的 214 级潜艇

艇体构造

214 级潜艇的耐压艇体由 HY80 和 HY100 低磁钢建造，强度高、弹性好，理论下潜深度大于 400 米，不易被敌方磁探测器发现。艇体进行光顺设计，尽量减少表面开口，开口采用挡板结构以便尽可能地减小海水流动噪声。艇体表面有声波吸附材料，减少了潜艇被敌人探测到的概率，增加了自身的声呐探测距离。

韩国海军装备的 214 级潜艇

主要武器

214级潜艇被设计成可执行包括从近海作战到远洋巡逻等多种任务，装备现代化、模块化武器系统，并与传感器融合在一起，加上"不依赖空气推进"系统，使214级潜艇具备多种能力，包括反舰、反潜、监视、侦察、秘密布雷等。该级艇装有8座533毫米鱼雷发射管，可发射"黑鲨"重型鱼雷和"鱼叉"反舰导弹，鱼雷与反舰导弹装载总数为16枚。

港口中的214级潜艇

电子设备

214级潜艇装备了ISUS90型综合作战系统，该系统的核心是指挥和武器控制系统。它接收并分析所有输入信息，然后自动启动战斗程序。214级潜艇装有阿特拉斯公司的STN声呐系统，包括：探测目标距离和方位的主动声呐；由DBQS声呐水听器组成的中频圆柱状被动声呐基阵；FAS-3型中低频舷侧阵被动探测声呐；侦听测距声呐。另外，还可选装TAS-3型拖曳阵声纳用于低频和超低频的被动探测，该基阵可通过布置在艇体外尾部的绞车进行布放和回收。

重要事件

2000年2月,希腊政府与德国签订了购买4艘214级潜艇的合同,成为购买214级潜艇的第一个买家。希腊海军将其命名为"帕帕尼科利斯"级潜艇。首艇由德国哈德威造船厂建造,后续艇则由希腊国内船厂建造。

葡萄牙海军装备的214级潜艇

十秒速识

214级潜艇拥有圆钝状牛鼻艇首,指挥塔围壳高耸,两侧逐渐与艇身甲板融合。艇尾尾舵可见,后缘略倾。前水平舵安装在指挥塔围壳前方的艇体甲板顶部。

日本"苍龙"级常规潜艇

"苍龙"级潜艇（Sōryū Class Submarine）是日本在21世纪初期设计建造的常规潜艇，是日本第一种采用"不依赖空气推进"系统的潜艇，也是日本在二战后建造的吨位最大的潜艇，其排水量在世界现役常规动力攻击潜艇中名列前茅。

研发历史

20世纪末到21世纪初，随着"不依赖空气推进"（AIP）技术在世界范围内蓬勃发展，日本也在"春潮"级潜艇的最后一艘"朝潮"号上进行了相关试验。在此基础上，日本设计建造了基于AIP技术的新一代常规潜艇，即"苍龙"级潜艇。

基本参数	
潜航排水量	4200吨
全长	84米
全宽	9.1米
吃水	8.5米
潜航速度	20节
潜航深度	500米
艇员人数	65人

"苍龙"级潜艇计划建造13艘，截至2017年5月已有8艘正式服役，分别是"苍龙"号（SS-501）、"云龙"号（SS-502）、"白龙"号（SS-503）、"剑龙"号（SS-504）、"瑞龙"号（SS-505）、"黑龙"号（SS-506）、"仁龙"号（SS-507）和"赤龙"号（SS-508）。其中，"苍龙"号于2005年3月开工，2007年12月下水，2009年3月服役。

停泊在港口中的"苍龙"级潜艇

艇体构造

"苍龙"级潜艇的外形与前一代潜艇"亲潮"级基本相同,后者的指挥台围壳和艇体上层建筑的横截面呈倒V字形锥体结构,其艇体和指挥台围壳的侧面敷设了吸声材料,主要目的是为了提高对敌人主动声呐探测的声隐身性。"苍龙"级潜艇在继承"亲潮"级潜艇这一优点的同时,进一步在艇体上层建筑的外表面也敷设了声反射材料,使潜艇的声隐身性能进一步提升。

"苍龙"级潜艇的推进系统包括2台柴油机、4台斯特林发动机和1台主推进电动机。斯特林发动机作为辅助动力系统,主要是当潜艇在水下以4～5节的低速航行时使用。除了AIP系统外,"苍龙"级与"亲潮"级相比,较为明显的改进是从十字形尾舵改为X形尾舵。X形尾舵的最大特点是可以对4个舵板分别进行微控,能够保证潜艇在水下空间里进行三维自由运动。

第 5 章 潜艇

"苍龙"级潜艇指挥塔特写

主要武器

"苍龙"级潜艇装载的鱼雷和反舰导弹等武器也与"亲潮"级潜艇基本相同,但是艇上武器装备的管理却采用了新型艇内网络系统。此外,艇上作战情报处理系统的计算机都采用了成熟商用技术。"苍龙"级潜艇装有 6 座 533 毫米鱼雷发射管,可发射 89 型鱼雷和"鱼叉"反舰导弹。

电子设备

"苍龙"级潜艇采用比"亲潮"级潜艇更新一代的ZYQ-51C潜艇战斗系统，能与海上自卫队现有的ZYQ-31指挥管制支援系统结合，使"苍龙"级潜艇兼容于海上自卫队与美国海军的战术网络。"苍龙"级潜艇采用ZQQ-7声呐系统，改良自"亲潮"级潜艇的ZYQ-6声呐系统，全系统包括舰首下方的主/被动阵列声呐、舰首上方逆探测声呐、两侧大型低频被动阵列声呐以及拖曳阵列声呐等。ZQQ-7比ZQQ-6进一步强化低频长距离操作能力，也改善了处理浅水海域背景噪声的能力。

除了声呐系统之外，"苍龙"级潜艇还装有英国授权日本生产的CM010非贯穿式光电潜望镜桅杆以及1具传统的光学潜望镜，此外还有海上自卫队海幕资料传输系统的指挥终端机、MOF海上指挥管制系统以及新的USM反舰导弹射控系统。

"苍龙"级潜艇参加军事演习

重要事件

2011年年底，日本松绑长久以来的"武器出口三原则"之后，澳大利亚立刻对"苍龙"级潜艇表示了高度的兴趣，随即展开各项洽商与考察作业。截至2017年5月，双方仍未达成协议。

第 5 章 潜艇

十秒速识

"苍龙"级潜艇的外形与"亲潮"级潜艇基本相同,艇型采用了所谓的"雪茄形"线形。不过,"苍龙"级潜艇的艇体比"亲潮"级潜艇更长,采用新式潜艇中较为流行的 X 形尾舵。

第 6 章 导弹艇

　　导弹艇是现代海军中的一种小型战斗舰艇,虽然排水量较小,但在现代海战中仍是发挥着重要作用。这是因为导弹艇装有导弹武器,使小艇具有巨大战斗威力,对一些大中型舰艇也能造成威胁,堪称"海洋轻骑兵"。

美国"飞马座"级导弹艇

"飞马座"级(Pegasus class)导弹艇是美国海军装备的高速水翼导弹快艇,在1977—1993年服役。经试验表明,"飞马座"级导弹艇具有优良的耐波力、机动性、隐蔽性、抗沉性和载荷能力。

研发历史

"飞马座"级导弹艇并非美国制造,而是多个欧洲国家联合设计,其研制工作始于1974年,1977年开始列装美国海军。由于美国海军的资金集中使用在核潜艇和航空母舰等大型装备上,小型舰艇并不太受重视。在美国海军作战部长小埃尔莫·朱姆沃尔特上将退役之后,美国官方就砍掉了"飞马座"级导弹艇的大多数资金。该级艇原计划建造30艘,最终只建造了6艘,全部划归在美国海军大西洋舰队使用。

基本参数	
满载排水量	241吨
全长	41米
全宽	8.5米
吃水	7.1米/1.9米
最高航速	48节
最大航程	1200海里
艇员人数	21人

"飞马座"级导弹艇前方视角

艇体构造

"飞马座"级导弹艇为全浸式自控双水翼燃气轮机和喷水推进导弹艇。艇体采用混合线型、首部为尖瘦的 V 形线型,有助于获得良好的排水航行性能;尾部为短方尾形线型,和尖舭一起使艇在过渡到翼航状态时把高速阻力减到最小。艇首设有首水翼支柱的收缩机械装置。该级艇艇体分为 9 个水密隔舱,其中尾部设有 3 个机舱。艇员住舱、餐室和其他生活舱室设在艇体中部。9 号至 25 号肋骨区的双层底舱设有 4 个燃油舱,其余部分的双层底舱装载淡水。

"飞马座"级导弹艇配备了强大的 LM2500 燃气轮机,当艇的速度逐渐提高时,底部支架产生的浮力就会把艇体抬离水面,从而减小摩擦,实现高速航行。

高速航行的"飞马座"级导弹艇

主要武器

"飞马座"级导弹艇的主要使命是对水面舰船实施攻击,对沿海水域进行监视、巡逻和封锁,以及实施阻击和其他作战任务。舰桥前方的首部甲板装有1座"奥托·梅莱拉"76毫米舰炮,炮座甲板下面设供弹系统。艇体尾部装有2座四联装"鱼叉"反舰导弹发射装置。

"飞马座"级导弹艇侧面视角

电子设备

"飞马座"级导弹艇的电子设备比较简单,装有 LN-66 导航雷达和 Mk 94 Mod 1 火控管理系统。

正在转向的"飞马座"级导弹艇

重要事件

"飞马座"级各艇均以星座命名,分别为"飞马座"号(PHM-1)、"武仙座"号(PHM-2)、"金牛座"号(PHM-3)、"天鹰座"号(PHM-4)、"白羊座"号(PHM-5)和"双子座"号(PHM-6)。该级艇服役时间不同,但都在同一天退役,即 1993 年 7 月 30 日。

"飞马座"级导弹艇编队航行

十秒速识

"飞马座"级导弹艇的艇体为全铝质结构,艇首和艇尾分别装有76毫米舰炮和双联装"鱼叉"导弹发射装置。当"飞马座"级导弹艇高速航行时,艇体底部支架会竖起。

底部支架竖起的"飞马座"级导弹艇

"飞马座"级导弹艇高速航行时激起巨大水花

美国"阿尔·希蒂克"级导弹艇

"阿尔·希蒂克"级(Al-Siddiq class)导弹艇是美国彼得森造船厂于20世纪70年代为沙特阿拉伯海军建造的快速导弹艇,一共建造了9艘,首艇于1980年开始服役。

研发历史

20世纪70年代,位于美国威斯康星州的彼得森造船厂为沙特阿拉伯海军先后建造了9艘快速导弹艇。首舰"阿尔·希蒂克"号于1972年开工,1980年开始服役,其后又有"阿尔·法洛克"号、"阿布杜尔·阿齐兹"号等共计8艘同级艇在1981—1982年先后服役。

基本参数	
满载排水量	495吨
全长	58.2米
全宽	8.1米
吃水	1.9米
最高航速	38节
最大航程	2520海里
艇员人数	21人

第 6 章 导弹艇

高速航行的"阿尔·希蒂克"级导弹艇

艇体构造

"阿尔·希蒂克"级导弹艇有高艇首,倾斜的前甲板,醒目的大型雷达整流罩位于舰桥顶部,细长的三角式主桅位于艇体中部。多角的烟囱顶部为黑色,排气口位于主桅后方顶部的突出位置,鞭状天线位于上层建筑后缘舰桥顶部。

"阿尔·希蒂克"级导弹艇俯视图

主要武器

"阿尔·希蒂克"级导弹艇装有 2 座双联装"鱼叉"反舰导弹发射装置，位于后甲板，后两部朝向左舷，前两部朝向右舷。此外，还有 1 门 76 毫米舰炮、1 座"密集阵"近程防御武器系统、2 门 20 毫米厄利空机炮、2 门 81 毫米迫击炮和 2 门 40 毫米 Mk 19 榴弹发射器。

"阿尔·希蒂克"级导弹艇后方视角

电子设备

"阿尔·希蒂克"级导弹艇装有 2 部洛拉尔·海柯尔 Mk 36 型六管固定式红外/金属箔条干扰发射装置。

十秒速识

"阿尔·希蒂克"级导弹艇的艇首较高,前甲板有一定倾斜角度,艇体中部有细长的三角式主桅杆,舰桥顶部的大型雷达整流罩非常醒目。

"阿尔·希蒂克"级导弹艇侧前方视角

俄罗斯"奥萨"级导弹艇

"奥萨"级（Osa class）导弹艇是苏联于 20 世纪 50 年代研制的导弹艇，分为Ⅰ型和Ⅱ型两种型号。该级导弹艇是世界各国有史以来建造数量最多的导弹艇，总产量超过 400 艘。

研发历史

"奥萨"级Ⅰ型艇于 1960 年开始批量建造，同年开始服役，1966 年停止建造。Ⅱ型艇于 1969 年开始服役，1973 年停止建造。苏联海军一共装备了 65 艘Ⅰ型艇（太平洋舰队 40 艘、北方舰队 25 艘）

基本参数	
满载排水量	235 吨
全长	38.6 米
全宽	7.6 米
吃水	1.7 米
最高航速	42 节
最大航程	1800 海里
艇员人数	29 人

和 40 艘Ⅱ型艇（波罗的海舰队 25 艘、黑海舰队 8 艘、太平洋舰队 5 艘、里海区舰队 2 艘），苏联解体后，俄罗斯海军仍继续使用Ⅱ型艇。此外，越南、埃及、印度、波兰、叙利亚、也门、古巴等国也进口了"奥萨"级导弹艇。

越南海军装备的"奥萨"级导弹艇

艇体构造

"奥萨"级导弹艇的首部甲板设有锚机、旗杆等,稍后为1座双联装30毫米炮。中部甲板有密闭的驾驶室和露天驾驶台以及流线型柱或桅杆,桅杆上装有各种天线。从距首约40%艇长处一直到尾部,4座导弹发射装置分别排列在两舷前后。驾驶室与发射装置间有密闭的通道,以便人员行走。尾部甲板有1座双联装30毫米炮。

港口中的"奥萨"级导弹艇

主要武器

"奥萨"级Ⅰ型艇装有4座SS-N-2舰对舰导弹发射架、2座30毫米双联装全自动高炮。Ⅱ型艇装有4座SS-N-11舰对舰导弹发射架,部分艇装有SA-N-5舰对空导弹发射架。与Ⅰ型艇一样,Ⅱ型艇也有2座30毫米双联装全自动高炮。

"奥萨"级导弹艇的SS-N-2舰对舰导弹发射架

电子设备

"奥萨"级导弹艇配备的电子设备包括"方结"对海雷达1部、"歪鼓"炮瞄雷达1部、"高杆"敌我识别器1部,"方首"敌我识别器1部。

"奥萨"级导弹艇后方视角

十秒速识

"奥萨"级导弹艇圆滑的上层建筑轮廓低矮,由前甲板延伸至艇尾。柱式主桅位于艇体中部靠前方,留有安装搜索雷达天线的空间。后方的突出塔架装有火控雷达天线。

"奥萨"级导弹艇的SS-N-2舰对舰导弹发射架特写

法国"斗士"级导弹艇

"斗士"级(La Combattante class)导弹艇是法国在 1964–1981 年建造的快速导弹艇,分为 I 型、II 型和 III 型。

研发历史

"斗士"级 I 型艇于 1964 年 3 月开始建造,仅作为法国海军的对舰导弹系统的试验平台。II 型艇是在 I 型艇基础上改进而来,法国海军未装备,主要供出口。1969 年,希腊向法国订购了 4 艘"斗士"级 II 型艇,首艇"巴特西斯"号于 1971

基本参数	
满载排水量	265 吨
全长	47 米
全宽	8 米
吃水	2.1 米
最高航速	36 节
最大航程	1600 海里
艇员人数	42 人

年 4 月下水,同年 12 月服役。1971 年年初,马来西亚也向法国订购了 4 艘"斗士"级 II 型艇,首艇"柏达那"号于 1972 年 4 月下水,同年 12 月建成服役。1974 年 2 月,伊朗订购了 12 艘"斗士"级 II 型艇,首艇"石弩"号于 1976 年下水,1977 年 8 月建成服役。1974 年,尺寸更大的"斗士"级 III 型艇问世。

港口中的"斗士"级Ⅱ型艇

艇体构造

"斗士"级Ⅰ型艇采用贯通式主甲板,平板式上层建筑位于艇体中部后方,上层建筑顶部装有高大粗壮的封闭式桅杆和细长的柱式桅杆。Ⅱ型艇和Ⅰ型艇的构造基本一致,各国对Ⅱ型艇的命名各不相同,武器也略有区别。Ⅲ型艇的艇体比Ⅱ型艇更大,并搭载了鱼雷。

航行中的"斗士"级导弹艇

第6章 导弹艇

主要武器

"斗士"级导弹艇装有1门76毫米舰炮,1门40毫米舰炮,2座双联装"飞鱼"反舰导弹发射装置。除此之外,"斗士"级导弹艇还装有1门20毫米M621型机炮、2挺12.7毫米机枪等武器。

"斗士"级导弹艇发射导弹

十秒速识

"斗士"级导弹艇的贯通式主甲板由艇首延伸至艇尾,艇体中部后方倾斜的平板式上层建筑顶部装有高大粗壮的封闭式桅杆和细长的柱式桅杆,舰桥顶部装有鞭状天线,40毫米舰炮位于舰桥上层建筑前缘。

"斗士"级Ⅲ型艇侧面视角

德国"信天翁"级导弹艇

"信天翁"级（Albatros class）导弹艇是德国于20世纪70年代初开始建造的快速导弹艇，一共建造了10艘，首艇于1976年11月建成服役。

研发历史

1966年，德国海军公布了"信天翁"级导弹艇的技术任务书。1972年5月4日，首艇"信天翁"号在吕尔森造船厂开始建造，1973年10月22日下水，1976年11月1日建成服役。至1977年12月

基本参数	
满载排水量	400吨
全长	57.6米
全宽	7.8米
吃水	2.6米
最高航速	40节
最大航程	1130海里
艇员人数	40人

23日最后一艘"苍鹰"号建成为止，"信天翁"级导弹艇一共建成10艘。该级艇在德国海军中一直服役到2005年，有8艘在退役后出售给了加纳和突尼斯等国。

港口中的"信天翁"级导弹艇编队

第 6 章 导弹艇

艇体构造

"信天翁"级导弹艇的前甲板较长，突出的防浪板位于 76 毫米舰炮前方，中央上层建筑狭窄修长，舰桥后缘呈阶梯状。舰桥后方框架式结构上装有醒目的 WM 27 对海搜索 / 火控雷达整流罩，高大的三角式柱状主桅位于上层建筑后缘。

航行中的"信天翁"级导弹艇

主要武器

"信天翁"级导弹艇的主要作战使命是袭击水面舰艇、两栖舰队和补给舰船，保证己方布雷作业的安全以及防空反导等。该级艇的主要武器为 2 门 76 毫米奥托·梅莱拉舰炮、2 座双联装 MM38 "飞鱼"反舰导弹发射装置、2 具 533 毫米鱼雷发射管。后来，部分"信天翁"级导弹艇拆除了艇尾的 76 毫米舰炮，加装了 1 座二十一联装 Mk 49 "拉姆"防空导弹发射装置。

"信天翁"级导弹艇首部 76 毫米舰炮特写

电子设备

"信天翁"级导弹艇装有1部荷兰信号公司WM27对海搜索/火控雷达、1部WM41火控雷达及1部美国神公司TM1620/6X导航雷达。其他设备还有荷兰信号公司MK22光学指挥仪、巴克韦格曼公司的"热狗"干扰弹发射装置、荷兰信号公司改进的"宙斯盾"作战数据自动处理系统、11号数据链等。

"信天翁"级导弹艇上层建筑特写

十秒速识

"信天翁"级导弹艇的"飞鱼"反舰导弹发射装置位于上层建筑后方,前一座朝向左舷前方,后一座朝向右舷前方。艇尾的76毫米舰炮位于反舰导弹发射装置后方Y位置。2具鱼雷发射管位于艇尾舰炮外侧,朝向后方。

"信天翁"级导弹艇侧面视角

德国"猎豹"级导弹艇

"猎豹"级（Gepard class）导弹艇是德国在"信天翁"级基础上改进而来的一款快速导弹艇，一共建造了10艘，1982年开始服役，2016年11月退出现役。

研发历史

进入21世纪后，服役多年的"信天翁"级导弹艇已显老旧，于是德国海军打算将其退役。正好突尼斯海军向德国提出购买6艘退役的"信天翁"级导弹艇，总价约4000万美元（不包括MM38"飞鱼"反舰导弹）。此后，德国海军在"信天翁"级导弹艇基础上设计建造了"猎豹"级导弹艇。从1979年7月11日首艇开工到1984年11月13日最后一艘建成服役，"猎豹"级导弹艇一共建造了10艘。

基本参数	
满载排水量	400 吨
全长	57.6 米
全宽	7.8 米
吃水	2.6 米
最高航速	40 节
最大航程	1620 海里
艇员人数	35 人

"猎豹"级导弹艇编队航行

艇体构造

"猎豹"级导弹艇的中央上层建筑前缘高大，舰桥后缘呈阶梯状，醒目的WM 27对海搜索/火控雷达整流罩位于舰桥后缘短小的框架式桅杆上。高大的三角式柱状主桅位于上层建筑后缘，2座"飞鱼"反舰导弹发射装置位于上层建筑后方，前一座朝向左舷前方，后一座朝向右舷前方。"猎豹"级导弹艇的艇员居住条件比"信天翁"级导弹艇有所改善，且由于武器及操纵系统自动化程度的提高，艇员人数也比"信天翁"级导弹艇减少了5人。

低速航行的"猎豹"级导弹艇

主要武器

"猎豹"级导弹艇的艇首装有 1 门奥托·梅莱拉 76 毫米舰炮,艇尾装有 2 座双联装 MM38 "飞鱼"反舰导弹发射装置以及 1 座二十一联装 Mk 49 "拉姆"防空导弹发射装置。

"猎豹"级导弹艇的"飞鱼"反舰导弹发射装置

"猎豹"级导弹艇的"拉姆"防空导弹发射装置

十秒速识

"猎豹"级导弹艇与"信天翁"级导弹艇的外观相似,只不过"猎豹"级导弹艇拆掉了 2 具鱼雷发射管和艇尾的 76 毫米舰炮,在尾部甲板上安装了 1 座"拉姆"防空导弹发射装置。

"猎豹"级导弹艇侧面视角

德国 TNC-45 级导弹艇

TNC-45 级导弹艇是德国吕尔森造船厂于 20 世纪 60 年代建造的快速导弹艇,主要用于出口,已出口到阿根廷、巴林、马来西亚、泰国和新加坡等国。

研发历史

20 世纪 60 年代,埃及从苏联引进了小型导弹艇,为与之抗衡,以色列也与德国吕尔森造船厂展开合作,在"美洲豹"级导弹艇(吕尔森造船厂在 20 世纪 50 年代研制的导弹艇)的基础上开发满足以色列要求的快速导弹艇,其成果就是 TNC-45 级导弹艇。

基本参数	
满载排水量	268 吨
全长	53.1 米
全宽	7 米
吃水	2.4 米
最高航速	25 节
最大航程	1450 海里
艇员人数	30 人

阿根廷海军装备的 TNC-45 级导弹艇

艇体构造

TNC-45级导弹艇拥有平整的舰首，低干舷，贯通式主甲板由艇首延伸至舰尾。高大的上层建筑位于艇体中部靠前，开放式舰桥顶部，封闭式舰桥。框架式主桅位于舰桥后方，短小的柱式桅杆位于后缘。

高速航行的TNC-45级导弹艇

主要武器

TNC-45级导弹艇的主要武器是反舰导弹，阿根廷海军版本和厄瓜多尔海军版本装有2座双联装"飞鱼"反舰导弹发射装置，新加坡海军版本则是2座双联装"鱼叉"反舰导弹发射装置，泰国海军版本装备了5座"加布里埃尔"反舰导弹发射装置。除反舰导弹外，各国还根据实际需要安装了其他武器，如"西北风"防空导弹发射装置（新加坡海军）、奥托·梅莱拉76毫米舰炮、博福斯40毫米舰炮、博福斯57毫米舰炮、厄利空35毫米舰炮等武器。

第6章 导弹艇

TNC-45级导弹艇编队航行

十秒速识

TNC-45级导弹艇的舰首平整,干舷较低,大型球面式火控雷达整流罩与2部小型雷达整流罩位于舰桥顶部短小的桅杆上。阿根廷海军装备的TNC-45级导弹艇的艇体有褐色和绿色的伪装涂层。

TNC-45级导弹艇侧面视角

以色列"萨尔4.5"级导弹艇

"萨尔4.5"(Sa'ar 4.5)级导弹艇是以色列海法造船厂建造的导弹艇,一共建造了10艘,首艇于1980年8月开始服役。截至2017年5月,"萨尔4.5"级导弹艇仍全部在役。

研发历史

20世纪60年代前期,苏联建造的"奥萨"级导弹艇大量出口到中东地区时,以色列意识到了导弹艇的严重威胁。于是,以色列就在利用国外成熟技术的基础上开始了自主设计和建造导弹艇的进程。短短的几年时间,以色列先后建造了"萨尔2"级、"萨尔3"级、"萨尔4"级等导弹艇。1980年,以色列又在"萨尔4"级的基础上研制出"萨尔4.5"级导弹艇。首艇"阿利亚"号于1980年7月下水,同年8月正式服役。

基本参数	
满载排水量	498吨
全长	61.7米
全宽	7.6米
吃水	2.8米
最高航速	33节
最大航程	4800海里
艇员人数	53人

第 6 章 导弹艇

港口中的"萨尔4.5"级导弹艇

艇体构造

"萨尔4.5"级导弹艇的干舷设计采用特殊外形、专门装置和雷达波吸收材料以降低它的雷达信号特征,并采用特殊的涂层以降低红外信号特征。艇体前部的横剖面为外张的 V 形,艇体具有尖锐的底部升高部,尾部为小半径圆舭,具有良好的横摇阻尼性能和方向稳定性。

"萨尔4.5"级导弹艇侧面视角

主要武器

"萨尔 4.5"级导弹艇的综合作战能力强,可执行多种战斗任务,包括超视距目标指示、攻潜、搜潜、电子战、搜索救援等。该级艇的导弹攻击能力强,艇上装备的 2 座四联装"鱼叉"反舰导弹,其射程达到 130 千米,为"加百列"Ⅱ型导弹射程的 3 倍以上。该级艇还具有较强的防空能力,艇上装备垂直发射的舰对空导弹和"密集阵"近程防御武器系统,它们与 76 毫米及 20 毫米舰炮,构成多层次的对空防御系统。

"萨尔 4.5"级导弹艇的 76 毫米舰炮开火

十秒速识

"萨尔 4.5"级导弹艇短小的上层建筑位于艇体中部靠前方,大型封闭式倾斜主桅位于上层建筑后缘,顶部的整流罩非常醒目。

"萨尔 4.5"级导弹艇编队航行

挪威"盾牌"级导弹艇

"盾牌"级(Skjold class)导弹艇是挪威于20世纪90年代设计建造的隐形导弹艇,一共建造了6艘,1999年开始服役,截至2017年5月仍然全部在役。

研发历史

"盾牌"级导弹艇由挪威自主设计,建造工作由乌莫·曼达尔造船厂负责。第一艘"盾牌"级导弹艇在1999年4月交付部队。2002年6月,挪威政府核准额外建造5艘"盾牌"级导弹艇,并于2003年7月正式订立合同。2012年11月,第六艘"盾牌"级导弹艇开始服役。美国也对"盾牌"级导弹艇感兴趣并租借了一年用以研究,在此期间由14名挪威外派船员在美国小溪两栖海军基地操作"盾牌"级导弹艇。

基本参数	
满载排水量	274吨
全长	47.5米
全宽	13.5米
吃水	1米
最高航速	60节
最大航程	800海里
艇员人数	16人

第6章 导弹艇

"盾牌"级导弹艇在寒冷海域航行

艇体构造

"盾牌"级导弹艇采用划时代的半气垫船、半双体船设计,船上大范围直接采用雷达吸收材料和斜角反射设计。舱门和导弹发射口都是内置于船身,连窗户都采用紧密的无边角镶嵌,可以完全反射雷达波。"盾牌"级导弹艇的艇体采用复合结构,内外多层船体使用纤维增强塑料由玻璃纤维和石墨多层黏合布组成,边缘使用乙烯树脂和聚酯树脂。

"盾牌"级导弹艇主要使用喷水推进方式,吃水非常浅,操纵性能出色。喷水推进系统正常情况下由燃气轮机驱动,但是也能被小型柴油发动机驱动,以减少红外特征。喷水推进系统的矢量喷嘴能够独立操纵"盾牌"级导弹艇侧向移动,因此"盾牌"级导弹艇没有安装侧舷螺旋桨。

"盾牌"级导弹艇侧后方视角

"盾牌"级导弹艇侧面视角

主要武器

"盾牌"级导弹艇装有 1 门 76 毫米奥托·梅腊拉舰炮（发射速率高达 120 发/分，能发射多种炮弹）、2 挺 12.7 毫米机枪，还可发射 8 枚康斯博格海军打击导弹。康斯博格海军打击导弹装备一个红外成像自动导引弹头，射程超过 150 千米。此外，"盾牌"级导弹艇还有小型直升机甲板，可携带无人直升机。

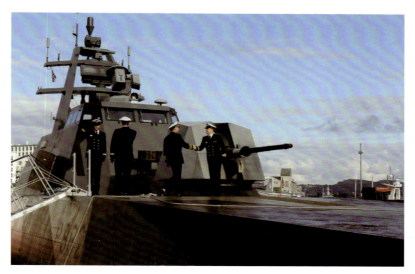

"盾牌"级导弹艇的舰炮特写

电子设备

"盾牌"级导弹艇的指挥控制系统使用轻型 Senit 2000 作战管理系统，由法国舰艇建造局和康斯博格防卫公司共同发展。该级艇配备了萨博公司的 Ceros 200 雷达和光电射击控制系统，用于控制导弹和舰炮。Ceros 200 系统包括一套 Ku– 波段雷达目标追踪系统、闭路电视摄像机、热象仪、电视追踪系统和激光测距仪。

"盾牌"级导弹艇还安装了泰利斯公司的 MRR–3D NG 多任务雷达和联合敌我识别系统。MRR–3D NG 雷达有监视模式和自动防御模式，可自动转换模式。在监视模式中，MRR-3D NG 雷达能发现 180 千米范围内的目标；在自动防御模式中，能在 70 千米半径内监视并且追踪任何威胁目标。

"盾牌"级导弹艇在浅水区域航行

十秒速识

"盾牌"级导弹艇的艇体中部上层建筑表面倾斜，顶部设有小型舰桥，其上装有火控雷达。大角度倾斜的桅杆结构位于舰桥后方，所有甲板装备均被设计隐藏在艇体内。

低速航行的"盾牌"级导弹艇

芬兰"哈米纳"级导弹艇

"哈米纳"级（Hamina class）导弹艇是芬兰海军装备的快速导弹艇，一共建造了 4 艘，从 1998 年服役至今。

研发历史

"哈米纳"级导弹艇于 1996 年开始建造，首艇"哈米纳"号于 1998 年 8 月服役，二号艇"托尔尼奥"号于 2003 年 5 月服役，三号艇"汉科"号于 2005 年 6 月服役，最后一艘"波里"号于 2006 年 6 月服役。截至 2017 年 5 月，"哈米纳"级导弹艇仍全部在役。

基本参数	
满载排水量	250 吨
全长	51 米
全宽	8.5 米
吃水	1.7 米
最高航速	30 节
最大航程	500 海里
艇员人数	26 人

港口中的"哈米纳"级导弹艇

艇体构造

"哈米纳"级导弹艇在设计上具有很多的优点,全艇从船体到上层结构都高度整合,力避侧面锐角,而且十分注意抑制红外信号,取得了很好的隐身效果。"哈米纳"级导弹艇拥有高大尖削的艇首,主甲板平整过渡到低矮的艇尾部分,中央上层建筑呈棱角状阶梯式,舰桥位于靠后位置。短小粗壮的封闭式主桅位于艇体中部。"哈米纳"级导弹艇的动力装置是2台MTU 16V 538 TB93柴油发动机,总功率5520千瓦,由2部"卡米瓦"905Ⅱ型喷水推进器推进。

"哈米纳"级导弹艇侧前方视角

主要武器

"哈米纳"级导弹艇的设计更多地强调火力而不是舰艇的大小,其舰载武器的种类较全。"哈米纳"级导弹艇的主要武器包括4座RBS-15 Mk 2反舰导弹发射装置,该导弹为主动雷达寻的制导,射程150千米;8座"长矛"舰对空导弹发射装置;1门博福斯57毫米舰炮;2挺12.7毫米NSV机枪;1座深水炸弹发射架。

第 6 章　导弹艇

"哈米纳"级导弹艇发射导弹

"哈米纳"级导弹艇与 NH90 直升机

十秒速识

"哈米纳"级导弹艇的艇首高大尖削,棱角分明的上层建筑位于舰体中部,呈阶梯式布置。封闭式主桅短小粗壮,位于上层建筑顶部。

"哈米纳"级导弹艇在浅水区域航行

埃及"拉马丹"级导弹艇

"拉马丹"级（Ramadan class）导弹艇是埃及海军购自英国的大型导弹艇，又名"斋月"级导弹艇，一共建造了6艘，1981年服役至今。

研发历史

"拉马丹"级导弹艇由英国沃斯帕桑尼克洛伏特造船厂设计建造，一共建造了6艘，分别是"拉马丹"号（670）、"基伯"号（672）、"艾尔·卡德萨亚"号（674）、"艾尔·亚默克"号（676）、"巴德尔"号（678）和"赫特因"号（680）。

基本参数	
满载排水量	317 吨
全长	52 米
全宽	7.6 米
吃水	2 米
最高航速	35 节
最大航程	1390 海里
艇员人数	31 人

港口中的"艾尔·卡德萨亚"号（左）和"艾尔·亚默克"号（右）

艇体构造

"拉马丹"级导弹艇的前甲板非常短小,76毫米舰炮安装在A位置。主上层建筑位于艇体中部靠前,大型金字塔式主桅位于上层建筑后缘,后缘顶部装有柱式桅杆。小型后上层建筑顶部装有短小的封闭式桅杆和整流罩。"奥托玛特"反舰导弹发射装置位于上层建筑之间,前两座偏左舷,后两座偏右舷。各发射装置均倾斜朝向艇首。40毫米舰炮位于Y位置。

主要武器

"拉马丹"级导弹艇装有4座"奥托玛特"Mk 2型反舰导弹发射装置,需要时还可以加装便携式SA-N-5型防空导弹发射装置。除导弹外,"拉马丹"级导弹艇还装有1门奥托·梅莱拉76毫米紧凑型舰炮和1座双联装布雷达40毫米舰炮。另外,还有4部固定式诱饵发射装置。

低速航行的"拉马丹"级导弹艇

十秒速识

"拉马丹"级导弹艇有非常短小的前甲板,主上层建筑后缘有大型金字塔式主桅,主桅顶部的马可尼S820型对空/对海搜索雷达整流罩非常醒目。

"拉马丹"级导弹艇侧面视角

参考文献

[1] 哈钦森. 简氏军舰识别指南 [M]. 北京：希望出版社，2003.

[2] 查恩特. 现代巡洋舰驱逐舰和护卫舰 [M]. 北京：中国市场出版社，2010.

[3] 江泓. 世界武力全接触——美国海军 [M]. 北京：人民邮电出版社，2013.

[4] 陈艳. 潜艇——青少年必知的武器系列 [M]. 北京：北京工业大学出版社，2013.

世界武器鉴赏系列

全球导弹 鉴赏指南（第2版）

全球火炮 鉴赏指南（第2版）

主战舰艇 鉴赏指南（第2版）

航空母舰 鉴赏指南（第2版）

作战飞机 鉴赏指南（第2版）

民用飞机 鉴赏指南（第2版）

无人装备 鉴赏指南（第2版）

反恐装备 鉴赏指南（第2版）

航天器 鉴赏指南（第2版）

军用车辆 鉴赏指南（第2版）

世界徽章 鉴赏指南（第2版）

世界军服 鉴赏指南（第2版）

步枪与机枪 鉴赏指南

手枪与冲锋枪 鉴赏指南

海军陆战队武器 鉴赏指南（第2版）

军用辅助舰艇 鉴赏指南（第2版）

军用辅助飞机 鉴赏指南（第2版）

世界武器鉴赏系列

现代舰船 鉴赏指南

现代飞机 鉴赏指南

现代战机 鉴赏指南

单兵武器 鉴赏指南

世界手枪 鉴赏指南

世界名枪 鉴赏指南

美国海军武器 鉴赏指南

二战尖端武器 鉴赏指南

特种作战装备 鉴赏指南

早期经典战机 鉴赏指南

坦克与装甲车 鉴赏指南

空战武器 鉴赏指南

陆战武器 鉴赏指南

无人装备 鉴赏指南

特殊武器 鉴赏指南

海战武器 鉴赏指南